Martin Graff

Grenzkabarett

Je t'aime
Ich liebe dich

Mit einem Vorwort von
Isidore Lumière

Morstadt

Bibliografische Information der Deutschen Nationalbibliothek
Die Deutsche Nationalbibliothek verzeichnet diese Publikation
in der Deutschen Nationalbibliografie; detaillierte bibliografische Daten sind im Internet über http://dnb.dnb.de abrufbar.

Verlagsprogramm und weitere Informationen unter
www.morstadt-verlag.de

© 2020 Morstadt Verlag Kehl am Rhein
1. Auflage Juni 2020
Lektorat, Layout und Umschlaggestaltung: Morstadt Verlag
Titelmotiv: Unter Verwendung einer Illustration von Tomi
Ungerer. Sans titre, 1988. Encre de Chine sur papier blanc
(29,7 x 21 cm). Collection Musée Tomi Ungerer – Centre
International de l'Illustration. Copyright © Tomi Ungerer
Erben/Diogenes Verlag AG Zürich. Foto: Musées de la Ville de
Strasbourg.
ISBN 978-3-88571-394-4

Inhalt

meine kleine sprache träumt sich
ein land, in dem sie wortnester baut
zum ausschwärmen über die grenzen,
die nicht ihre eigenen sind.

Maja Haderlap

Vorwort

Beim Unwort des Jahres 2020 haben wir die Wahl zwischen Coronavirus und Grenze. Eines steht fest: Wir sind alle corona-kujoniert, und Covid-19 hört sich an wie Magnum 357, eine tödliche Waffe. Grenzen werden täglich neu gefordert und breiten sich wie Blütenstaub im Frühling aus. Die Politiker verbreiten grenzenlose Angst unter den Menschen in Europa und in der Welt. Grenzen zwischen Nationen, zwischen Regionen, zwischen Nachbarn, zwischen Familien. Enkelkinder dürfen Oma und Opa nicht mehr besuchen.

Christen haben aufgehört, Christus zu trauen. Brot und Wein, also Leib und Blut Christi, sind virusanfällig. Also verzichten wir vorsichtshalber auf die Eucharistiefeier. Selbst der Papst verlässt den heiligen Balkon mit Blick auf den Petersplatz zu Gunsten einer Video-Übertragung, um sich an die Gläubigen zu wenden.

Zugegeben: Das Coronavirus ist so listig wie der Teufel im Mittelalter. Es überspringt Grenzen und schafft Grenzen zugleich. Es besitzt die Gabe der Ubiquität, gleich der göttlichen Allgegenwart, um Thomas von Aquin zu zitieren.

„Armée de l'air" ist auf dem Rumpf des Airbus zu lesen, als das Flugzeug der französischen Luftwaffe am 18. März 2020 auf dem Flughafen Basel-Mulhouse-Freiburg landet. Das Markgräflerland ist gut zu sehen. Auch der Basler Wolkenkratzer am Rhein, neben dem Museum Tinguely, genauso wie der Turm der Müllverbrennungsanlage von Basel, der früher je nach Windrichtung das Elsass verpestete. Heute sollen die Filter die Grenze respektieren.

Aber all das sehen und verstehen die Pariser Reporter vom französischen Fernsehen nicht. Geographie durch Kopfgrenzen ausgeblendet. „L'avion-hôpital est en train de se poser sur l'aéroport de Mulhouse", sagt einer der Reporter. Dabei handelt es sich um den internationalen Flughafen Basel-Mulhouse-Freiburg. Keiner fragt sich, ob es vielleicht sinnvoller wäre, Patienten nach Basel oder Freiburg zu verlegen, falls es dort noch freie Betten gibt, statt nach Toulon ans Mittelmeer, 1.000 km vom Elsass entfernt, oder nach Bordeaux an den Atlantik. Fragen kostet nichts. Die Grenze steckt im Kopf der Reporter, wie sie im Kopf der Politiker steckt. Auch Macron stellt die naheliegende Frage der grenzüberschreitenden Soforthilfe nicht, als er am Montag, dem 16. März, 35 Millionen Citoyens verkündet: „Nous sommes en guerre." – Wir sind im Krieg. – Genauso beschränkt sich Bundeskanzlerin Angela Merkel zwei Tage später, am 18. März, auf Deutschland. „Wir sind ein Land, wir sind füreinander da", meldet Simonetta Sommaruga, Präsidentin der Confoederatio Helvetica. Besser wäre gewesen: „Wir sind eine Welt … und es gibt nur eine."

Hallo, Nachbarn! Unbekannt! Wo bleibt die vielbeschworene grenzüberschreitende Zusammenarbeit am Oberrhein, die jahrelang als heilige Messe Europas gefeiert wurde? Weltspitze in Sachen Grenzenwahn waren aber die Saarländer, die sich gerne als Frankreich-Liebhaber ausgeben. Das saarländische Landesamt für Straßenbau hat – nach Amtshilfeersuchen der Bundespolizei – Straßensperren im lothringischen Schoeneck, also auf französischem Hoheitsgebiet, errichten lassen. Die Arbeiter hatten die Grenze übersehen!

Endlich, am 21. März 2020, flackert der Heilige Geist Europas auf. Auf Anfrage der Chefin des Département du Haut-Rhin, Brigitte Klinkert, bietet Winfried Kretschmann Krankenhausbetten in Baden-Württemberg an. Hat er sich vielleicht an den württembergischen Pfarrerssohn aus Schornrdorf, Karl-

Friedrich Reinhard, Freund von Talleyrand, erinnert? Reinhard, so Autor Graff, war drei Jahre lang, von 1796 bis 1799, Außenminister der Ersten Französischen Republik. Plötzlich geht es, Klinikbetten sind frei in Ulm, Freiburg, Heidelberg, Villingen-Schwenningen, Mannheim, sogar in Basel und im Jura. Warum nicht früher? Sonntag, der 22. März, die Nachbarn wachen auf. Malu Dreyer, Rheinland-Pfalz, und Tobias Hans, Saarland, ziehen nach und bieten Betten an. Am 23. März nimmt das Land Sachsen italienische Patienten auf. Am 24. März zieht NRW nach. Sogar Salzburg, Österreich, empfängt französische Patienten, obwohl das kleine Alpenland seit der Ära Haider immer wieder als Faschistennest verunglimpft wird.

„Wenn die Krise vorbei ist, wird man Europa neu denken müssen", schreibt Spiegel-Kolumnist Nils Minkmar.

Warum? Ganz einfach weil die Grenze konstitutiv für unser Dasein ist. „In Wirklichkeit gab es in der Welt noch nie so viele neue Grenzen", wie Régis Debray, Autor von „Eloge des frontières", feststellt: „Du biblique au numérique, il est bon de rappeler que la Genèse fait de la création du monde une séquence de séparations primordiales et de démarcations entre les éléments."

Im 1. Buch Mose, Kapitel 1, Verse 4 und 5, heißt es: „Gott trennte das Licht von der Dunkelheit." Vers 7: „Gott machte ein Gewölbe und trennte das Wasser über dem Gewölbe von dem Wasser, das die Erde bedeckte." Vers 14: „Am Himmel sollen Lichter entstehen, die Tag und Nacht voneinander trennen."

Der Kosmos entstand also durch Trennung. Laut Bibel sind auch die ersten Menschen – Adam und Eva – gleich von Grenzen betroffen: „Du darfst nicht von dem Baum essen, dessen

Früchte Wissen geben. Sonst musst du sterben ..." Eine Art Aussperrung. Das göttliche Bußgeld ist bekannt: Wir sind sterblich, mit oder ohne Covid-19.

Völkertrennung statt Völkerverständigung. Die Liste der Mauern in der Welt wächst wieder. USA und Mexico mit dem Mauerspezialisten Trump, selbst Enkel eines pfälzischen Migranten. Zaun zwischen Marokko und Spanien beziehungsweise Melilla und Ceuta: EU-Enklave in Afrika. Süd- und Nord-Korea. Zypern mit dem Zwist zwischen Griechen und Türken, beide Nato-Mitglied. Der Fluss Ibar trennt Serben und Kosovaren im Kosovo. In Kosice, Ost-Slowakei, trennt eine Mauer das Fahrende Volk von der Mehrheit der Bürger. Israel und Palästina. Ungarn, Serbien, Kroatien, Slowenien, Bulgarien ziehen Grenzzäune durch Wiesen, Felder und Wälder. Griechenland schottet sich von der Türkei ab und umgekehrt. Die EU ist machtlos.

Aber es gab auch noch nie so lange Friedenszeiten. Der Philosoph Michel Serres schreibt in seinem Buch „Une philosophie de l'histoire": „Zwischen dem Jahr 1496 vor Christus und 1861 nach Christus ein paar Zahlen: 227 Jahre Frieden, 3.130 Jahre Krieg. Antike: mehr als 500.000 Tote. Zur Zeit der Französischen Revolution: 600.000 Tote. Unter der Herrschaft Napoleons: 800.000 Franzosen, 6 Millionen Europäer. Danach zwei Weltkriege mit dem Höhepunkt Hiroshima und dem atomaren Blitz. Jahrtausende des Todes, von Menschen provoziert."

Die Europäische Union ist die Utopie des Sieges über politische und geographische Grenzen. Zoll- und Polizeigebäude sind durch Restaurants ersetzt worden. Zöllner und Polizisten arbeiten als Gärtner. Aber die Melodie der Grenze ist nicht verklungen, wie der Corona-Tsunami es beweist. Im Balkan werden schon länger Restaurants wieder in Zollstationen umfunktioniert und Gärtner in Grenzpolizisten. In Katalonien, Schottland, Irland oder Belgien sitzen die Nationalisten in den Startlöchern. Die EU schaut oft hilflos zu. Aber Eurokraten sind keine Soldaten, und das ist auch gut so.

*

Martin Graff ist in einem Grenzdorf in den Hochvogesen aufgewachsen. Das Dorf Stossweier/Stosswihr war im Ersten Weltkrieg in zwei Teile getrennt. Seine Einwohner wurden nach Frankreich oder nach Deutschland evakuiert. Im Zweiten Weltkrieg wechselte Graffs Vater die Uniform. Zunächst trug er die französische, später, als zwangsrekrutierter Elsässer, die deutsche. Er fiel in deutscher Uniform in Ostoberschlesien. In Bielitz, einer deutschen Sprachinsel in der Zweiten Polnischen Republik, heute Bielsko-Biala.

Entspringt vielleicht der Biographie des Autors Graff seine Faszination für Grenzen? „Die eigene Identität entsteht auf der Grenze durch die Begegnung mit dem Fremden", schrieb die norwegische Anthropologin Erika Fatland in ihrem faszinierenden Bericht „Die Grenze", als sie Russland mit seinen 60.000 km Grenze umrundete. Auch Donaupoet Claudio Magris und sein geistiger Sohn Paulo Rumiz – „Aux frontières de l'Europe" oder „La légende des montagnes qui naviguent" – sind Lieblingsautoren des Elsässers, der immer über den Tellerrand seiner Heimat schielt. Er selbst reiste durch Europa für den Europarat, „Le voyage au jardin des frontières", oder für das ZDF, „Donauträume. Stromaufwärts nach Europa", vom Schwarzen Meer zum „schwarzen Wald".

Es ist gar nicht so einfach, auch in Friedenszeiten, über Frankreich und Deutschland zu berichten. Der Massentourismus surft auf Klischees, die wir im Reisgepäck verstauen. Aber auch individuelle Reisen sind mit Erfahrungen verbunden, guten oder schlechten, die dann zu pauschalen Urteilen führen – die Deutschen sind so, die Franzosen sind so –, und der Wirklichkeit des jeweiligen Landes nicht entsprechen. Es gibt Deutsche, die sogar ihren Hauptwohnsitz im Elsass haben, aber weiter in Deutschland arbeiten und nicht die geringste Ahnung vom politischen Leben ihrer neuen Heimat besitzen, die nur einen Ableger der alten Heimat darstellt, weil das Hausbauen beim Nachbarn billiger ist. Den Mangel an Neugierde stellt man ebenfalls bei den Deutschen mit Zweitwohnsitz im Elsass fest. Genauso gibt es Franzosen, berufliche Grenzgänger, die sich kaum für ihre Arbeitsheimat auf der anderen Rheinseite interessieren.

Zweisprachigkeit ist natürlich eine Voraussetzung für die Gedankenschmugglerarbeit. Graff schreibt Bücher sowohl auf Deutsch als auch auf Französisch. Die Leser der Tageszeitung „Die Rheinpfalz" verfolgen seine zweisprachige Kolumne „Zungenknoten" seit über 20 Jahren. Früher las und hörte man von ihm auch regelmäßig in der Badischen Zeitung, in der Basler Zeitung und im Saarländischen Rundfunk.

Aber es genügt nicht. Im Zeitalter der „Fake news" ist die journalistische Arbeit schwieriger geworden. Das Überprüfen von Informationen kostet Zeit, noch mehr Zeit als früher.

Im „Spiegel" vom 7. Januar 2014 schrieb Carsten Holm: „In Frankreich verlangt der Staat von seinen Senioren ab 60 alle zwei Jahre und ab 76 jährlich, eine Führerscheinverlängerung zu beantragen, ärztliche Kontrolle inklusive." Die Information hört sich präzise an, gut recherchiert. Dafür ist das Magazin bekannt. Sie stimmt aber nicht. Bei wem hat der Kollege abgeschrieben? Eines ist sicher: Carsten Holmes kennt keinen einzigen Franzosen über 60 persönlich, sonst hätte er die falsche Information nicht verbreitet. Die französischen Senioren dürfen sich nämlich ohne Alterseinschränkungen ans Steuer setzen.

Kabarett erhebt bekanntlich nicht den Anspruch von Wissenschaft, wobei Martin Graff, dank seines Vagabundierens zwischen Frankreich und Deutschland und dank seiner Fähigkeit zu kommunizieren, seinen kabarettistischen Einlagen einen Hauch von Wissenschaft verleiht. Der studierte Theologe und Philosoph hat sich schon sehr früh mit den Massenmedien beschäftigt. Thema seiner Abschlussarbeit an der Straßburger Uni: „La radio, la télévision et la théologie dans le monde moderne". Geschrieben in den Sechzigerjahren. Damals verachteten die französischen Intellektuellen das Fernsehen. Heute lecken sie Blut, wenn sie eine Kamera sehen.

Immer wieder packt er mit Witz und Humor den Alltag der Deutschen und Franzosen an. Im Kapitel „Spurensuche" überrascht uns seine Feststellung zur Zapfpistole beim Tanken in Frankreich und Deutschland. Oder: Gibt es ein Unterschied zwischen deutschen und französischen Handschellen? Messen die Deutschen den Blutdruck anders als die Franzosen?

Die ewige Frage der Franzosen – „Wann werden wir Deutschland einholen?" – greift Graff immer wieder auf. Ich denke an „Nackte Wahrheiten" in den Neunzigerjahren und vor allem sein Buch „Der lutherische Urknall", in dem er, für viele Leser überraschend, die Unterschiede zwischen beiden Nationen auf den Reformator zurückführt.

Wir Franzosen vergleichen uns täglich mit den Deutschen. „Comme l'Allemagne" ist der ewige Topos der deutsch-französischen Beziehungen. Plötzlich entdecken die Franzosen, dass Deutschland einen Drive-in für Corona-Tests eingeführt hat

13

oder dass Deutschland mehr Beatmungsgeräte besitzt als Frankreich. Kurz zuvor posaunten noch alle Politiker, dass unser Krankenhaus-System das beste der Welt sei, und vergaßen nicht, sich über die „italienische" Schlamperei lustig zu machen. Die Experten hatten den Satz von Jean Cocteau vergessen: „Franzosen sind schlecht gelaunte Italiener."

Die wechselseitige Schadenfreude gegenüber dem Nachbarn sagt einiges aus über das deutsch-französische Paar. Graff schont weder die einen noch die anderen.

Es gibt einen einzigen Punkt, in dem die Franzosen sich nicht mit den Deutschen vergleichen möchten: die Frage der Migranten. Experten in Paris behaupten, Deutschland hätte 2015 eine Million Flüchtlinge nur deshalb aufgenommen, weil die Deutschen keine Kinder mehr zeugten und frische Arbeitskräfte bräuchten. Ziemlich dreist, wenn man bedenkt, dass die sechststärkste Wirtschaftskraft der Welt tausende von Flüchtlingen unter Pariser Autobahnbrücken dahinvegetieren lässt. Bilder, die es in Deutschland auch 2015 nie gab.

Etwas provokativ für deutsche Ohren, die den Europäer Macron verehren – aber dies war von Graff zu erwarten –, macht sich der elsässische Autor über den Senkrechtstarter Macron, der sein Amt selbst als jupiterhaft bezeichnet, lustig. Ist Macron Philosoph, Musiker, Politiker, Performer oder Scharlatan?

Experten staunen, wenn Graff Deutschland als Arbeitspark vorschlägt und Frankreich als Freizeitpark. Aber gleichzeitig holt er Albert Schweitzer zu Hilfe, der beim Orgelbau die Klischees korrigiert. Der Deutsche wie der Franzose, beide glauben, ihre jeweilige Orgel sei besser geeignet, um Bach zu interpretieren. In Wirklichkeit kennt keiner die Orgel des anderen. Wir müssen unsere Talente vereinen.

Zur Freude aller Leserinnen und Leser hat Martin Graff Oma Caroline erfunden, die mit Opa Ernest auf dem Familienbauernhof zum geheimen Treffpunkt der Regierenden geworden ist. Oma als Coach von Emmanuel und Brigitte, aber auch von Angela, früher von Kohl und Mitterrand. Wir erfahren, wie das berühmte Treffen von Verdun, Hand in Hand, zustande kam.

Sein Buch „Grenzkabarett. Je t'aime, ich liebe dich" basiert auf dem Theaterstück „Sause in Versailles – la grande bouffe".

Zusammen mit dem 2016 verstorbenen deutschen Schauspieler Klaus Spürkel (Pathologe im SWR-Tatort mit Kommissar Bienzle) reiste Graff 13 Jahre lang durch Europa; sie schlüpften in die Rollen der Protokollchefs beider Republiken. Klaus Spürkel als Dr. F. K. Werner, Graff als Henri de Montaigu. Ein zweisprachiges Feuerwerk zu konkreten deutsch-französischen Unterschieden, ob in Erotik, Gastronomie, Wirtschaft oder Politik.

Markus Schächter, ehemaliger Intendant des ZDF, schreibt über Graff: „Er ist jetzt der mutige Grenzverletzer und eloquente Grenzgänger, der mit großem historischen Sachverstand, detektivischem Spürsinn, moralischer Sensibilität und quasi heiliger Wut aufmerkt, aufdeckt und aufgreift, was auch heute noch im Schengen-Europa Barrieren, Mauern und Grenzen aufbaut."

Prof. Dr. Dr. h. c. mult. Isidore Lumière

1. Bonjour

Ich stamme aus dem „noch" französischen Elsass. Am 22. Januar 2019 trafen sich Angela Merkel und Emmanuel Macron in Aachen, um den Elysée-Vertrag vom 22. Januar 1963, der von Konrad Adenauer und Charles de Gaulle unterzeichnet worden war, zu erneuern. Die französische Presse meldete: „Macron hat das Elsass an Deutschland abgetreten und Deutsch wird ab sofort Amtssprache im Ländle zwischen Rhein und Vogesen."

Deutsch als Amtssprache! Ein Vorteil für die Deutschen, die im Elsass ein Haus gebaut haben oder einen Zweitwohnsitz besitzen, aber noch keine Zeit gefunden haben, Französisch zu lernen.

Mein Nachbar Karl aus Saarbrücken kam schon am nächsten Morgen mit einer Flasche Schampus von Aldi ins Haus gestürmt, um die frohe Botschaft zu feiern: „Endlich, Herr Graff, ich werde Sie nicht mehr stören, um Sie zu bitten, die Briefe der französischen Verwaltung zu übersetzen. Prost auf das Elsass!"

Ich musste Karl, ich muss Sie, meine Damen und Herren, enttäuschen: Das Elsass bleibt französisch, und Deutsch ist „noch" nicht Amtssprache wie in Südtirol.

Die „Dernières Nouvelles d'Alsace", die größte elsässische Tageszeitung, klebte schon am 23. Januar sämtliche Schaufenster des Landes mit folgendem Plakat zu: „Fake News: Non, Macron n'abandonne pas l'Alsace à l'Allemagne." (Nein, Macron tritt das Elsass nicht an Deutschland ab.)

Es war höchste Zeit, weil nicht wenige Elsässer zweifelten. Schließlich hatte Frankreich das Elsass schon zweimal in seiner Geschichte an Deutschland verkauft. Das erste Mal am 10. Mai 1871 im Frankfurter Vertrag.

Der Verkauf, nach einem verlorenen Krieg, den Napoleon III. angezettelt hatte, wurde vom französischen Parlament – mit Ausnahme der elsässischen Abgeordneten – offiziell bestätigt. Das zweite Mal hatte Frankreich das Elsass 1940 an Adolf Hitler verkauft, allerdings ohne Zustimmung des Parlaments. Beide Male wurde Deutsch als Amtssprache eingeführt. Die Elsässer sind übrigens im Zweiten Weltkrieg nur in die Wehrmacht und in die Waffen-SS rekrutiert worden, weil sie Deutsch sprachen.

Ende gut, alles gut. Wobei der Klimawandel noch alles ändern kann. Die Atlantikküste bröckelt bekanntlich schneller ab als gedacht. Frankreich wird von Jahr zu Jahr kleiner. Laut den Experten ist es nicht ausgeschlossen, dass der Ozean in einer Zeitspanne von 2.000 Jahren ganz Frankreich bis hin zu den Vogesen überschwemmen wird. Dann bleibt nur noch das Elsass übrig ... und wir kommen zu euch. Ich habe Freunde, die zur Vorsorge für die kommenden Generationen schon eine Hütte im Schwarzwald gekauft haben.

Von allen „Fake News" bleibt etwas hängen. Ein Reporter von CNN berichtete im Oktober 2019 über Frankreich. Der Sender blendete eine Frankreichkarte ein, auf der das Elsass fehlte. Die Empörung war groß in Paris, obwohl viele Pariser nicht genau wissen, wo sich das Elsass befindet. Die Franzosen hadern bekanntlich mit der Geographie. François Hollande verwechselte Slowenien und die Slowakei. Das ehemalige Staatsoberhaupt der Grande Nation erfand sogar neue Länder: La Macédonie statt la Macédoine, Mazedonien.

Ich muss den US-Reporter in Schutz nehmen. Er war eine Woche lang auf dem Vogesenkamm hin- und hergewandert, mit Blick auf den Schwarzwald in Deutschland und mit Blick nach Paris in Frankreich. Überall stehen noch Grenzsteine aus

Granit mit einem F in Richtung Frankreich und einem D in Richtung Deutschland (1870–1918). Der Col de la Schlucht wurde gerade neu gestaltet, mit einem neuen Grenzstein, F nach Westen und D nach Osten. Symbole sind wichtig, um an die Vergangenheit zu erinnern, sorgen aber auch für Missverständnisse in der Gegenwart, so im Falle des CNN-Reporters.

Pässe sind nicht nur geographische Brücken zwischen Nationen, sondern auch politische und sprachliche Grenzen, wie zwischen Österreich-Ungarn und Italien bis 1918. So beim Col de la Schlucht, wobei Schlucht im Widerspruch zum Pass steht: Ein Pass ist keine Schlucht. Ich wohne im Chemin du Eck, aber ein Eck ist kein Weg. So ist er nun mal, der Elsässer. „Er ist das Gegenteil von sich selbst", schreibt Jean Egen in seinem Buch „Der Hans im Florival. Es war einmal im Elsass ...". Der Satz gilt sowohl für die Psychologie als auch für sein persönliches Wörterbuch, in dem französische und deutsche Wörter Purzelbaum schlagen. Egen ist der Autor des deutsch-französischen Bestsellers „Die Linden von Lautenbach", Morstadt Verlag, verfilmt mit Mario Adorf als Onkel Fuchs.

Die Restaurantbesitzerin Catherine hatte Bilder von berühmten Pass-Besuchern im Gastraum aufgehängt. Neben Kaiser Wilhelm II. und Albert Schweitzer gehörte auch Adolf Hitler zu den Pass-Touristen. Immer wieder wurde sie von Gästen beschimpft: „Eine Schande!" Bis sie es leid war. Hitler wurde abgehängt und verschwand unter der Theke. Anstelle des Führers hängt dort heute eine Tafel mit dem „plat du jour", dem Tagesmenü.

Zur Entspannung darf ich Sie auf den Krimi „Gasthaus im Elsass" von Georges Simenon aufmerksam machen. Die Protagonisten wohnen im „Relais d'Alsace" (heute „Hotel-Restaurant du Chalet"). Die holländische Familie Van de Laer verdächtigt Monsieur Serge, der gerade abgereist ist, ihr den Familienschmuck geklaut zu haben. Kommissar Maigret wird eingeschaltet.

2. Weihnachten im Schlaraffenland

Zum Thema Elsass in Sachen Gedankenschmuggel zwei, drei Korrekturen vorneweg. Als ich in den 1970er-Jahren als junger Elsässer beim ZDF auftauchte, fanden es einige Kollegen noch lustig, mich als Beute-Deutschen zu bezeichnen. Im Dritten Reich ein Schimpfwort für sogenannte „Volksdeutsche" außerhalb der Reichsgrenzen. Nicht wenige Deutsche sind heute noch der Meinung, dass das Elsass, wenn nicht ganz, dann doch halb deutsch ist. Kein Wunder, dass der Aachener Vertrag missverstanden wurde.

Ich habe eigentlich volles Verständnis dafür. Die Elsässer haben nach dem Zweiten Weltkrieg nicht die Fachwerkhäuser abgefackelt, nicht die Störche stranguliert, nicht den Weißwein in den Rhein geschüttet und nicht das Sauerkraut vergiftet. Sie haben nicht die deutschen Inschriften auf den Grabsteinen weggemeißelt wie die Polen in Ostoberschlesien. Jan Mickler aus dem ehemaligen Bielitz, Geburtsort von Helmut Karasek, heute Bielsko-Biala, zeigte mir das Familiengrab: Die Namen waren mit dem Schlaghammer unleserlich gemacht worden.

Im Gegenteil, die Elsässer haben in den letzten Jahren die „deutschen" Weihnachtsmärkte wieder aufleben lassen, seit sie davon überzeugt sind, dass die Deutschen das Elsass nur noch als Touristen besuchen. Sie umwickeln ihre Häuser mit Girlanden, und das illuminierte Rehlein ersetzt die Straßenlaternen.

Ein Pilot der Air France verwechselte die Lichterketten eines der elsässischen Weihnachtsdörfer glatt mit der Landebahn des Straßburger Flughafens in Entzheim. Roland Mack, Chef des „Europaparks" im badischen Rust, saß zum Glück in der vorderen Reihe und konnte den Piloten über die elsässischen Gepflogenheiten aufklären. Dadurch wurde eine Katastrophe verhindert.

Straßburg gilt heute als „Capitale de Noël". Auch die Franzosen mögen inzwischen die deutsch-elsässischen Traditionen und füllen im Dezember die TGVs, sofern die Lokführer – „cheminots" genannt – nicht zufällig streiken oder die Gelbwesten nicht die „Rond Points" besetzen, um sich im Elsass mit Glühwein zu berauschen.

Straßburg ist „Capitale de Noël", das wissen auch Terroristen. Im Dezember 2018 entdeckten sie den Weihnachtsmarkt, und fünf Besucher wurden im sogenannten „carré d'or" (Goldenes Quadrat) von einem einzigen Attentäter tödlich getroffen.

3. Elsass-Saga für Anfänger

Dennoch, trotz Reiseführern wie Sand am Meer, leiden Franzosen und Deutsche unter Bildungslücken in Sachen Elsass. Nicht alle haben „Erinnerungen am Oberrhein" gelesen, von Otto Flake, in Metz geboren, in Colmar aufgewachsen, in Straßburg studiert, in Baden-Baden gestorben.

Monika aus Berlin bekniet mich: „Martin, kannst du mir kurz und knapp die Geschichte deiner Heimat resümieren?!" Es freut mich, Monika und Sie, meine Damen und Herren, heute Abend mit einem Schnellkurs in Sachen „History" beglücken zu dürfen.

1648 besuchte Louis XIV., le Roi Soleil, das Elsass mit einer Ladung warmer Croissants. Bisher kannten wir nur das deutsche Schwarzbrot. Wir wurden sofort Franzosen.

1870 besuchten uns Bismarck und die Preußen mit Berliner Bouletten. Wir wurden sofort wieder Deutsche.

1918 besuchten uns erneut die Franzosen mit Unmengen Rotwein. Wir wurden erneut Franzosen.

1940 besuchte uns Adolf Hitler, ohne Geschenke.

1945 besuchten uns zum dritten Mal in vier Jahrhunderten die Franzosen und bezauberten uns mit einem einzigen Satz: „Il est chic de parler français!" Seitdem sind wir Franzosen pour l'éternité, obwohl ausgerechnet Nicolas Sarkozy sich dessen nicht ganz sicher war. Im Januar 2011 sagte er in Truchtersheim während seiner Neujahrsansprache: „Comme je suis en Allemagne …"

4. Wintermärchen

Angela und Emmanuel vergaßen in Aachen, in Stereo das
„Wintermärchen" von Heinrich Heine zu rezitieren:

Im traurigen Monat November war's
Par un triste mois de novembre
Die Tage wurden trüber
Les journées s'assombrissaient
Der Wind riss von den Bäumen das Laub
Le vent arrachait les feuilles des arbres
Da reist' ich nach Deutschland hinüber
Je décidai de partir pour l'Allemagne

Und als ich an die Grenze kam
A la vue de la frontière
Da fühlt' ich ein stärkeres Klopfen
Mon cœur se mit à battre plus fort
In meiner Brust, ich glaube sogar
Je crois même sur ma joue
Die Augen begunnen zu tropfen
Avoir senti deux ou trois larmes

Ein kleines Harfenmädchen sang
Une fillette chantait en s'accompagnant à la harpe
Sie sang mit wahrem Gefühle
Elle chantait avec une émotion sincère
Und falscher Stimme, doch ward ich sehr
Mais elle chantait faux, pourtant je fus
Gerühret von ihrem Spiele
Très ému par son jeu

Während die Kleine von Himmelslust
Pendant que la petite fée
Getrillert und musizieret
Chantait et jouait
Ward von den preußischen Douaniers
Les douaniers prussiens
Mein Koffer visitieret
Ont contrôlé ma valise

Beschnüffelten alles, kramten herum
Sans aucune gêne ils ont fouillés
In Hemden, Hosen, Schnupftüchern
Entre les chemises, les pantalons et les mouchoirs
Sie suchten nach Spitzen, nach Bijouterien
A la recherche de dentelles et de bijoux
Auch nach verbotenen Büchern
Mais aussi de livres interdits

Ihr Toren, die ihr im Koffer sucht
Insensés qui explorez ma valise
Hier werdet ihr nichts entdecken!
Vous n'y découvrirez rien !
Die Kontrebande, die mit mir reist,
La contrebande qui voyage avec moi
Die habe ich im Kopfe stecken
Je l'ai cachée dans ma tête

Und viele Bücher trage ich im Kopf!
Ma tête est pleine de livres !
Ich darf es euch versichern
Je vous le jure

Mein Kopf ist ein zwitscherndes Vogelnest
Ma tête est un nid d'oiseaux gazouillants
von konfiszierlichen Büchern
De livres confisqués

5. Wolkengang im Dreiländereck

Gestern besuchte mich Olivier Chaumelle vom Nobelsender France Culture in meiner Heimat, dem elsässischen Münster- tal. Er wollte wissen wie es mit dem elsässischen Dialekt steht, „une petite langue régionale", einer kleinen regionalen Spra- che: „Braucht man sie noch im Zeitalter der Globalisierung?"

Ich antwortete wie immer, wenn Journalisten aus Paris mich besuchen, mit einem Spaziergang auf dem Vogesen- kamm. Vom Hohneck aus, 1.362 Meter über dem Meer, zeigte ich ihm zunächst die Landschaft: Schwarzwald und Markgräf- lerland in Deutschland, Vorarlberg in Österreich, Vaduz in Liechtenstein, Berner Alpen in der Schweiz, la plaine d'Alsace, die elsässische Ebene in Frankreich mit Blick auf das AKW von Fessenheim, das 2020 zur Jugendherberge umfunktioniert wur- de.

„Olivier, in diesen fünf Ländern leben Alemannen. Ich bin als Elsässer ein Alemanne. In diesen fünf Ländern sprechen die Menschen Alemannisch. Elsässisch ist also keine kleine regio- nale Sprache, sondern eine internationale Sprache. Wir Ale- mannen sind die Kurden Westeuropas!"

Plötzlich umkreiste uns ein Rudel Gämsen. „Diese Gämsen kommen aus dem Schwarzwald. 1956, also sechs Jahre bevor Konrad Adenauer und Charles de Gaulle sich in der Kathedrale von Reims ewige Liebe versprachen, schenkten uns die deut- schen Nachbarn 16 Gämsen. Heute sind es 700, und alle 700 sind zweisprachig, was man nicht von allen Mitarbeitern des Fernsehsenders arte behaupten kann."

Ich flüsterte Olivier als Zugabe ein Grenz-Gedicht ins Mik- rofon: „Wolkengang". Ich hatte es während einer Reise für den Europarat von Murmansk nach San Sebastian und von Vukovar nach Maastricht verfasst. Ich machte einen Zwischenstopp im Elsass, auf dem Petit Ballon, mit Blick auf das Dreiländereck des Oberrheins: Deutschland, Schweiz, Frankreich.

Spätnachmittag. Ich sitze allein auf dem Petit Ballon, qui s'avance comme un balcon au-dessus de la plaine d'Alsace. Die Sonne ist schon Richtung Paris verschwunden. Un tapis blanc couvre la plaine, und das Berner Mittelland bis hin zur Alpenkette liegt greifbar nah. La ligne de crête du Schwarzwald sieht wirklich wie eine Linie aus, tracée à l'encre de Chine. Les Alpes barrent l'horizon comme des icebergs géants. Les frontières entre le Dreieckland ont définitivement disparu. Es bleibt der Dreieckhimmel, grenzenlos. Hinter mir steht die Jungfrau Maria. „La reine de la paix" ist auf dem Granitsockel zu lesen. Elle m'irrite, comme les drapeaux que les alpinistes auf die Gipfel pflanzen.

Als ich klein war, j'ai souvent marché sur les nuages. Später, als ich zur Schule ging, hörte ich auf mit dem Wolkengang.

Soudain, je me demande si je ne devrais pas essayer de marcher à nouveau sur les nuages. Blödsinn, oder? Je fais un premier pas, un deuxième, un troisième. Unglaublich.

Ich spaziere auf den Wolken. Au bout d'une heure je rencontre trois Suisses mit roten Spraydosen. Ils m'observent avec méfiance.

„Sind Sie Schweizer?"

„Nein, Elsässer."

„Gut, das geht gerade noch, aber bleiben Sie nicht zu lange in der Schweiz."

„Wieso, bin ich schon in der Schweiz?"

„Klar", sagt le plus vieux zu mir. Le plus jeune fängt an, die Wolke hinter mir zu besprühen.

„Was soll das?", frage ich.

„On dessine les frontières sur les nuages", me répond une jeune femme.

„Es kommen einfach zu viele Fremde in die Schweiz", bekräftigt der älteste.

„Ils viennent par en haut", ergänzt die junge Frau.

Drei Deutsche tauchen auf, mit schwarzen Spraydosen. Eux aussi tracent des frontières sur les nuages, um Deutschland festzuhalten. Sie prosten den Schweizern zu und schimpfen mit ihnen über die Afrikaner.

Plötzlich ils commencent à s'engueuler parce qu'ils ne sont pas d'accord entre eux sur le tracé des frontières. „Die Schweiz beginnt schon hinter der nächsten Wolke", behauptet der älteste der Schweizer.

„Unmöglich", antwortet le plus jeune des Allemands und sprüht über die schon markierte Schweizer Wolke. Ils finissent par en venir aux mains und fallen alle durch die Wolken auf die Erde zurück.

„Que faites-vous là?" Je me retourne. Trois jeunes Français, crânes rasés, tracent des frontières bleu blanc rouge sur le Wolkenteppich.

„Ça vous regarde?" Ils s'avancent, menaçants.

Ich puste wie im Märchen. Sie fallen alle durch die Wolken.

J'efface soigneusement les frontières avec mon mouchoir und gehe langsam zum Petit Ballon zurück.

6. Oma Caroline und Opa Ernest

Ich bin immer mit dem Schlitten unterwegs, den mir Opa Ernest zum Schlittenpult umgebaut hat. Man weiß nie, es kann auch im August schneien. Ich habe die Horrorbilder im Kopf, Schneestau auf deutschen Autobahnen. Mit Opas Schlitten bin ich in der nächsten Kneipe, lange bevor das Rote Kreuz die Autofahrer mit dem ersten Kaffee versorgt.

Opa Ernest ist eine bekannte Persönlichkeit im Elsass und sogar in Frankreich. Seine Heldentat ist in den Geschichtsbüchern nachzulesen.

Am 28. Juni 1940 besuchte Adolf Hitler das Elsass. Er fuhr den Col de la Schlucht hinauf, an unserem Bauernhof vorbei. Sofort taufte Opa Ernest unseren sperrigen Ochsen Hitler; bis dato hatte er Alfred geheißen. Und dann ging es los:

„Hitler, du Arschloch, mach ass da vorwartskummsch, so 'na Arschloch wia d'r Hitler haw' i na nia gsa."

Es dauerte nicht lange und die Gestapo stand im Haus. Aber Opa Ernest schaffte es, die Todesengel zu überzeugen, dass er unseren Ochsen aus Liebe zum Führer Hitler genannt hatte.

Ich bin sehr stolz auf Opa Ernest. Er ist der einzige Mensch auf der Welt, der es geschafft hat, Hitler fünf Jahre lang als Arschloch zu beschimpfen, ohne dass es ihm geschadet hat.

Schon im Februar 1945, als das Münstertal von den Nazis befreit wurde, nahm ihn General de Gaulle in die Ehrenlegion auf, als Dankeschön für seinen Heldenmut.

Oma Caroline ist die Frau von Opa Ernest. Wie soll ich Oma beschreiben? Sie ist die Mata Hari der deutsch-französischen Beziehungen. Eine Art seelischer Coach der Regierenden. Wenn sie Probleme haben, besuchen sie uns inkognito auf unserem Bauernhof. Seit die Gelbwesten den Elysée-Palast zu stürmen drohen, besuchen uns Brigitte und Emmanuel fast jedes Wochenende: „Bei euch fühlen wir uns sicher", wiederholt immer wieder Brigitte, der die Gelbwesten schon mit der Guillotine gedroht haben. Schließlich hatten die Franzosen am 23. Januar 1793 ihren König samt Gattin Marie-Antoinette geköpft.

Im Dezember 2019, als seine Rentenreform die Citoyens auf die Straßen jagte, erlitt Emmanuel glatt einen Burnout und holte Oma Caroline eine ganze Woche in den Elysée-Palast. Er hatte nur eine einzige Frage: „Oma Caroline, was mache ich falsch?" „Alles!", soll Oma geantwortet haben.

Angela besucht uns auch regelmäßig, inzwischen auch mit AKK, die bekanntlich einen sprachlichen Marschallplan im Saarland ausgerufen hat: In zehn Jahren sollen die Saarländer dreisprachig sein. Aber bei ihr selbst hapert es noch mit der Sprache von Molière. Sie hofft auf die Hilfe von Brigitte, professeur de français.

„Unter einer Bedingung", sagte Emmanuel, „du nimmst sofort deine Straßburg-Schelte zurück." AKK will auf den Sitz des Europäischen Parlamentes in Straßburg zugunsten von Brüssel verzichten.

Inzwischen beschäftigt sich AKK nur noch mit Bundeswehrsoldaten, was eindeutig einfacher ist als mit CDU-Mitgliedern.

Friedrich Merz kam alleine. Armin Laschet und Jens Spahn besuchten uns auf dem Bauernhof mit Angela. Beim Frühstück bat die Bundeskanzlerin die beiden, gemeinsam für den CDU-Vorstand zu kandidieren.

Kevin Kühnert, der SPD-Spund, kam alleine.

Robert Habeck von den Grünen tauchte mit Annalena Baerbock auf. Er gab mit Kühemelken an, blamierte sich aber maßlos, indem er wie ein Bekloppter die Kuheuter malträtierte. Daraufhin klatschte Jeannette – die schon im Salon de l'agriculture in Paris ausgezeichnet worden ist – Annalena ihren Schwanz ins Gesicht.

Christian Lindner von der FDP rutschte mit seinem Porsche auf dem Waldweg gegen eine Tanne. Ernst Höcke, der Faschist aus Leipzig, besuchte uns überraschend mit Marine Le Pen. Opa Ernest jagte beide mit der Mistgabel vom Hof.

Angela hat uns gedroht: „Wenn ich in Pension bin, werden Joachim und ich ein ganzes Jahr bei euch verbringen."

„Ein ganzes Jahr?", staunte Oma Caroline.

„Keine Sorge, wir werden mitarbeiten, ich in der Küche und Joachim im Stall."

Helmut Kohl und François Mitterrand waren regelmäßig unsere Gäste. Sie erinnern sich an Verdun, Hand in Hand, am 24. September 1984? Auf die Idee kamen sie eine Woche zuvor, als sie Oma Caroline und Opa Ernest besuchten. Beide gingen zusammen im Vogesenwald spazieren und wurden von einem Gewitter überrascht. Sie kamen nicht zurück. Ich machte mir Sorgen, da ich für die Organisation verantwortlich war.

„Geh endlich los und such sie!", befahl Oma Caroline.

Ich fand sie erst um drei Uhr morgens, in einer abgelegenen Scheune. Sie lagen beide schnarchend im Heu, Hand in Hand, wie Tristan und Isolde. Ich machte ein Foto und zeigte es ihnen beim Frühstück am nächsten Morgen.

„Helmut, on va faire la même chose à Verdun!"

„Einverstanden!", antwortete Helmut.

So entsteht Geschichte.

7. Der Kuss

Wie küsst man sich zwischen Deutschen und Franzosen? Einmal, zweimal, dreimal, viermal? Wer fängt an? Diese Fragen stellen sich regelmäßig auf Regierungsebene. Das Coronavirus hat zwar die Küsserei vorläufig ausgesetzt, aber sowie die Pandemie vorbei ist, werden sich Franzosen und Deutsche umso heftiger küssen. Nutzen wir die Kuss-Auszeit, um die Kussforschung, Philematologie genannt, auf Französisch la science du baiser, voranzutreiben.

Denken wir an Konrad Adenauer und Charles de Gaulle. Nach der Unterzeichnung des Elysée-Vertrages am 22. Januar 1963 küsste der General ohne protokollarische Vorwarnung Konrad Adenauer, der noch nie von einem Mann geküsst worden war. Der Film zeigt eindeutig, wie überrascht der Bundeskanzler war. Er zuckte, bevor er sich in Richtung Wange des Franzosen wagte, um schließlich im Schlüsselbein des Generals hängenzubleiben.

Theo Sommer kommentierte damals in der Wochenzeitung „Die Zeit": „Adenauer war sprachlos."

Wäre de Gaulle kleiner gewesen als Adenauer, hätte der Deutsche über die Schulter des Franzosen zu Boden stürzen können, und wir würden die deutsch-französische Freundschaft heute nicht so intensiv feiern.

Angela Merkel ist zweifellos zur Kussspezialistin geworden, wenngleich die Pfarrerstochter zu Beginn ihrer Karriere nicht die größte Kusserfahrung mit ins Kanzleramt brachte. Sie küsste und wurde geküsst von Jacques Chirac, Nicolas Sarkozy, François Hollande und Emmanuel Macron.

Seit der zappelige Sarkozy an ihrer rechten Wange vorbeirutschte und sich dabei die Lippen am Ohrring der Kanzlerin verletzte, verzichtet sie beim Küssen vorsichtshalber auf Ohrschmuck.

Bei Kussforschern steht sie als Philematologin eindeutig auf Platz 1. Sie beherrscht sogar den Nasenkuss, den sie bei einer Reise in Australien mit Aborigines erfolgreich ausprobierte. Wenn Angela sich von der Weltbühne verabschieden sollte, wird die deutsch-französische Kussfrage neu aufgemischt. Das russische Modell Breschnew/Honecker bleibt weiterhin unerwünscht. Genauso der sogenannte deutsche „Giraffen-Kuss", bei dem sich die deutsche Frau oder der deutsche Mann den Hals verrenkt.

Ich darf Sie, meine Damen und Herren, vor dem Dreierkuss warnen, weil er als erotische Provokation missverstanden werden kann. Seit der Affäre um Weinstein, den Hollywood-Mogul, bitte ich Sie, darauf zu verzichten, was Dieter Wedel offensichtlich nicht gemacht hat. „Me too" bleibt aktuell. Auf Französisch heißt die Bewegung „Balance ton porc", „Verrate dein Schwein", was nicht gerade als elegant zu bezeichnen ist.

8. Biographie 1: Al Capone

Ein Elsässer hat mehrere Leben, also mehrere Biographien.

Als junger Autor wurde ich live in die SWR-Sendung „Boulevard Baden-Baden" eingeladen. Die Moderatorin kannte mich nicht. Ein Elsässer aus dem Münstertal? Uninteressant. Sie kam tänzelnd ins Studio und warnte mich: „Bitte, Herr Graff, bleiben sie locker."

„Ich werde es versuchen."

Inzwischen weiß ich sogar, was „locker vom Hocker" bedeutet. Meine deutsche Nachbarin Anja grüßt mich immer Montagfrüh: „Diese Woche planen wir nichts, alles locker vom Hocker." Dann plant sie die Woche durch: um elf Uhr Apéro, um 16 Uhr Kaffee und Kuchen, weiter Französisch-Unterricht, danach Essen in einer Ferme Auberge, usw.

„Sie kommen also aus dem Elsass", sagte die gelangweilte Dame – sie dachte immer noch an Elton John, der vor mir in der Sendung war.

„Genau, ich komme aus dem elsässischen Münstertal, bin aber in Chicago geboren."

Die Moderatorin bekam Kulleraugen. „In Chicago?"

„Mein Vater, Elsässer, war der Chauffeur von Al Capone und wurde 1947 in Chicago an der Kreuzung von Washington Street und Michigan Avenue zusammen mit seinem Boss erschossen. Da meine Mutter auch Elsässerin war, kam sie mit mir zurück nach Europa. So bin ich im Elsass als Elsässer aufgewachsen."

Drei Sekunden Pause. Die Moderatorin überlegte sich die nächste Frage.

„Herr Graff, ist es nicht sehr belastend, als Sohn des Chauffeurs von Al Capone leben zu müssen?"

Ich kenne den Job und wartete auch drei Sekunden, bevor ich antwortete: „Nicht belastender, als wenn ich als der Sohn eines SS-Offiziers leben müsste."

Die Moderatorin schaute mich sprachlos an, verschluckte sich und schrie „Musik" ins Mikrophon.

Ich wurde nie wieder live in die Sendung eingeladen.

9. Biographie 2: Mutter Zirkusartistin

Meine Mutter war Zirkusartistin. Sie kennen vielleicht das Bild von dem Star-Photographen Robert Doineau. Meine Mutter Marie-Louise tanzt auf einem Seil, gespannt zwischen zwei Wolkenkratzern, 1936 in New York.

Am 22. Juni 1944 arbeitete Marie-Louise bei der Familie Traber in Breisach. Sie übte über dem Rhein, das Seil war zwischen zwei uralten Bäumen über dem Wasser gespannt. Sie war schwanger, mit mir, und fragte sich, auf welcher Rheinseite sie mich rauslassen sollte, auf der deutschen oder auf der französischen. Am 22. Juni 1944 waren die Amerikaner schon in der Normandie, der Pariser Radiosender beschimpfte die „résistants" noch als Terroristen, und die Russen starteten die Operation Bagration Richtung Berlin.

Schließlich öffnete sie ihren Bauch nach Westen und ich flog wie ein Osterei in den französischen Rhein und wurde Franzose. Aber mein Zwillingsbruder Hansi flog durch einen unerwarteten Windstoß in den deutschen Rhein und laboriert noch heute an einer Erkältung, weil das deutsche Rheinwasser schon immer kälter war als das französische, wie Vauban in seinen Memoiren berichtet.

Ich bin also durch Zufall als Franzose geboren. Die Theologen reden von Prädestination. Über dieses Wort haben sich schon Luther und Erasmus in die Haare gekriegt. Sind wir frei oder nicht? Was bedeutet Freiheit? Damit beschäftigt sich auch Saša Stanišić, der Träger des Deutschen Buchpreises 2019, in seinem Buch „Herkunft". Sie ist Zufall und Schicksal zugleich.

Ich rede gern von einer „double prédestination", einer doppelten Prädestination, einer geographischen und einer kulturellen Prädestination.

Bei der geographischen Prädestination spielt allein der Zufall – oder die göttliche Fügung, was auf das Gleiche rauskommt –, eine Rolle. Wenn ich in Paris geboren werde, kann ich es nicht rückgängig machen und in Peking erneut auf die Welt kommen.

Dennoch schwenken wir, kaum geboren, die Fahnen unserer jeweiligen Nation und verteidigen Grenzen wie Festungen.

„Die Menschen haben wieder ein Bedürfnis nach Grenzen", stellen Sigmar Gabriel und Peter Haseloff bei ihrem Spaziergang entlang der ex-deutsch-deutschen Grenze fest (Der Spiegel, 19.10.2019). Identitäre Bewegungen entstehen in der Tat hüben wie drüben wie Sand am Meer. In den französischen Alpen sperren junge Franzosen mitten im Winter den Col de l'échelle, um den Migranten den Weg nach Versailles zu vereiteln. „No way. Defend Europe" war auf Transparenten zu lesen. An den europäischen Außengrenzen werden Migranten zum Spielball von Nationalisten.

Oma Caroline sagte zu Angela: „Die Fahne, ja, als Tischdecke!"

Bei der „prédestination culturelle", bei der kulturellen Prädestination, sieht es ganz anders aus. Ort, Sprache oder Religion kann man wechseln. Dies beweisen sowohl die Flüchtlinge als auch die Fußballspieler und die Eiskunstläufer.

Bruno Massot und Aljona Savchenko gewannen 2018 Gold im Eiskunstlauf bei den Olympischen Spielen in Pjöngjang, Südkorea. Die deutschen Reporter jubelten zunächst hemmungslos, später leicht verkrampft, als sie feststellten, dass Bruno eigentlich Franzose war und Aljona Ukrainerin. Beide besaßen einen deutschen Pass, aus sportlichen Gründen. Bruno, aus Caen, war ein paar Monate zuvor noch Franzose gewesen. Der Olympiasieger entspannte die Situation, indem er den Zauberspruch ins Mikrofon flüsterte: „J'aime la France et j'aime l'Allemagne!"

Zu mir sagte vor kurzem ein Franzose in Straßburg: „Martin tu n'aimes pas la France", weil ich auch in deutschen Medien aktiv bin und sogar auf Deutsch Bücher schreibe. „Je n'aime pas la France, mais j'aime ma femme", antwortete ich, nach dem Vorbild von Bundespräsident Gustav Heinemann: „Ich liebe nicht Deutschland, sondern meine Frau."

„Patr'idiot", beschimpfte ihn Oma Caroline und schlug auf die Hupe ihres Rolls Royce.

10. Das Volk

Populisten sind im Aufwind. Beim Gedankenschmuggel, um die Kopfgrenzen zu sprengen, stellt sich hüben und drüben dieselbe Frage: Was ist ein Volk?

„Wir sind das Volk!", behauptete seinerzeit die Theologin Frauke Petry.

„Au nom du peuple", steht auf dem Pult, wenn Marine le Pen redet.

Sie sprechen alle im Namen des Volkes, dabei schließen sie grundsätzlich immer einen Teil des Volkes aus, nämlich den Teil, der nicht denkt wie sie: Juden im Dritten Reich und in Frankreich oder Migranten, gestern wie heute.

In Jena fand ein Kongress zum Thema Archeogenetik statt. Die Wissenschaftler versuchten herauszufinden, wie zum Beispiel die Deutschen vor 5.000 Jahren ausgesehen haben. Sie sollen sogar braun gewesen sein; ich meine die Hautfarbe. Als Frauke Petry davon erfuhr, trat sie sofort aus der AfD aus. Kennt Frau Weidel schon das Ergebnis der Studie?

„Kein Volk kennt den Ursprung seiner Geschichte", schreibt der Philologe Ernst Robert Curtius, im Elsass geboren. Allein Horst Seehofer, Innen- und Heimatminister der BRD, kennt den Ursprung seiner Geschichte: Bayern! Die Wissenschaft hat es inzwischen bestätigt: Der erste Mensch kommt nicht aus Afrika, wie bisher angenommen, sondern aus Bayern und heißt Udo.

Wir machen Urlaub an der dalmatischen Küste, in Brela. Neben uns zieht ein junges Paar aus Maribor, Slowenien, ein. Ich erzähle ihnen, dass wir morgen in Klagenfurt einen Freund treffen, dessen Muttersprache Slowenisch ist, obwohl er österreichischer Staatsbürger ist.

„Why does your friend from Austria speak Slovenian?", fragt mich die junge Frau.

Ich kläre sie auf. „Das gesamte Gebiet, auch Maribor, gehörte zum Habsburgerreich, ein Sammelsurium von Völkern mit verschiedenen Sprachen. Die neuen Grenzen von 1918 haben Völker getrennt." Das junge Paar kennt seine eigene Geschichte nicht.

Mein Freund in Klagenfurt heißt Loyse Wieser, Verleger, Übersetzer aus den slawischen Sprachen und Poet:

„Verschollene Worte
Wiedergefunden
Verkünden den Morgen des kommenden Tages ..."

Loyse ist ein Freund von Peter Handke. Der Literaturnobelpreisträger ist in Griffen, Kärnten, geboren. Seine Mutter ist Slowenin aus Österreich. Loyse hat einige Bücher über ihn und mit ihm herausgegeben, wie „Die Sprachen-Auseinander-Driftung". Auch die Trägerin des Ingeborg-Bachmann-Preises Maja Haderlap hat er früh entdeckt. Ihr Roman „Engel des Vergessens" ist Pflichtlektüre für jeden Europäer. Loyse wandert seit Jahren mit der Kamera durch Europa, für die Serie „Der Geschmack Europas".

Jedes Volk ist stolz auf eine imaginäre Herkunft, jedes Volk träumt vom Goldenen Zeitalter ... und erfindet Helden von gestern und heute.

In Baska Voda, Kroatien, entdecke ich auf der Wand eines Fischereigebäudes das Bild eines Offiziers. Ich erkundige mich beim gegenüberliegenden Touristenbüro: „Wer ist das?"

„Ein Held!", antwortet der junge Mann mit glänzenden Augen: „Ante Gotovina!"

Auch Lehrer Zwatko, mein Vermieter, antwortet sofort: „Ein Held!"

Ante Gotovina wurde vom internationalen Kriegsgericht in Den Haag wegen Völkermordes zu 24 Jahren Gefängnis verurteilt. Er ging in Berufung und wurde – nach sieben Jahre Haft – freigesprochen. Der Held war früher Fremdenlegionär gewesen und bekam bei der Entlassung die französische Staatsbürgerschaft. Danach raubte er in Paris ein Juweliergeschäft aus und lernte den französischen Knast kennen. Wieder auf freiem Fuß verdingte er sich als Berater der Sonderkommandos in Argentinien. Beim Ausbruch des Balkan-Krieges kam er nach Europa zurück und befahl – bald als General – die Soldaten beim Blitzkrieg der Krajina, als die serbische Minderheit die Heimat verlassen musste.

Die Nationalisten wollten den Helden bei seiner Entlassung als Führer aufbauen. Gotovina dankte und zog sich ins Private zurück. Heute züchtet er Fische an der dalmatischen Küste.

Resumé: Paul Ricœur, dessen Assistent Emmanuel Macron war, schreibt in „Das Gedächtnis, die Geschichte, das Vergessen": „Ich bin irritiert durch dieses beunruhigende Schauspiel von zu viel Erinnerungskultur hier und zu viel Vergessen dort, oder anders ausgedrückt, dem Einfluss von Gedenkfeiern und dem Missbrauch des Gedenkens – und des Vergessens. Zum richtigen Gedenken anzuregen, ist deshalb eines meiner Hauptanliegen."

Die Elsässer machen das Gegenteil. Sie vergessen auf Teufel komm raus ihre alemannische Vergangenheit. Man kann von Sarkophagisierung der Geschichte sprechen. 2016 wurde die Region Elsass – ohne Volksumfrage – mit der Groß-Region Grand-Est verschmolzen. Auf den Kennzeichen der Autos liest man: „J'oublie" – Ich vergesse.

Ganz anders gehen die Kanadier in der Provinz Québec mit ihrer französischen Vergangenheit um. Auf den dortigen Autokennzeichen steht geschrieben: „Je me souviens" – Ich erinnere mich.

Auch die Iren geben nicht so schnell auf wie die Elsässer. Als ich im Frühling 2016 Dublin besuchte, war überall zu lesen: „We Remember!" Erinnerung an den Aufstand gegen Großbritannien 1916, easter rising (Osteraufstand) genannt, der aufkommende Frühling.

„Il n'y a pas de peuple alsacien", verkündeten sowohl Premier Manuel Valls als auch Präsident François Hollande.

„Le nationalisme c'est la guerre", sagte François Mitterrand. Nationalismus bedeutet Krieg. Für Albert Schweitzer ist Nationalismus eine Krankheit. Heimat? Höchstens eine demokratische Utopie, wie Bernhard Schlink schreibt.

Die krampfhafte Suche nach Wurzeln endet oft im Krieg. Die Heimat als Paranoia der Identität. Maurizio Bettini schreibt in „Radici, Tradizioni, Identita, Memoria": „Die Aubergine ist ein Import aus dem Alten Orient. Die Urheimat des Apfelbaums ist Kasachstan. Der Mais stammt aus Mittelamerika. Die Polenta erreichte Norditalien durch einen Umweg über Afrika."

Zum Glück gibt es auch Gegenwind der deutsch-französischen Historiker. Die Serie „Histoire/Geschichte", Bild und Text identisch in beiden Fassungen, zeigt den Weg in die Zukunft. Ein Beispiel für Iren und Briten, Polen und Deutsche, Israelis und Palästinenser, Serben und Kosovaren, Katalanen und Spanier, Türken und Kurden, Uiguren und Chinesen.

11. Geschichtsquiz

„Wichtig ist der Frieden. Frankreich und Deutschland sind beide stark genug, um sich mit dem zu begnügen, was ihnen heute zusteht … Frankreich kann in aller Ruhe und ohne Eifersucht die Entwicklung Deutschlands begleiten. Sie bedeutet nicht weniger als einen neuen Beweis für den Frieden in der Welt. Diese Entwicklung ist naturgemäß bedingt. Die vereinte deutsche Nation wird sich mit Frankreich verbrüdern, um der Welt dauerhaft die Früchte des Friedens und der Zivilisation zukommen zulassen.

Möge Frankreich überzeugt sein, dass wir Deutschen nicht die geringste Lust an Eroberungen jeglicher Art pflegen. Ohne Rachegedanken an Vergangenheit wünschen wir uns ehrlich und für immer, mit unseren Nachbarn in Frieden und Freundschaft zu leben."

Wer hat diese Zeilen geschrieben? Konrad Adenauer oder Helmut Kohl? Weder noch, sondern Eduard Fauler, Oberbürgermeister von Freiburg, am 22. August 1867, drei Jahre vor dem Ausbruch des Deutsch-Französischen Krieges, der durch eine verfälschte Nachricht – Stichwort Emser Depesche – ausgelöst wurde und auf Kosten des Elsass ging.

Der Brief war an den Bürgermeister von Colmar adressiert. Es ging um das Projekt der neuen Bahnstrecke Paris–Budapest. Sie sollte die Vogesen zwischen Gérardmer und Münster mittels eines Tunnels überwinden, später den Rhein bei Breisach, und das Höllental hinaufführen, um in Ulm die alte Strecke über Straßburg–Stuttgart zu treffen.

12. Erzfeinde oder Erbfeinde?

Wir haben unsere gemeinsame europäische Geschichte zu lange durch die nationalistische Brille betrachtet. Das Wort Erzfeinde oder Erbfeinde geht mir schon immer auf die Nerven.

Eberhard Jabach, Kunstsammler aus Köln, war der Berater von Louis XIV.

Am 21. März 1793 verkündete der Mainzer Konvent: „Les Allemands libres et les Français libres forment désormais un peuple inséparable." Die freien Deutschen und die freien Franzosen bilden ab sofort ein untrennbares Volk.

Karl Friedrich Reinhard, Pfarrerssohn aus Württemberg, Freund von Talleyrand, war drei Jahre lang, von 1796 bis 1799, Außenminister der Ersten Französischen Republik.

Am linken Ufer der Saône, die in Lyon in die Rhone mündet, steht die Statue von Hans-Jean Kleberger, der in die Lokalgeschichte einging als „le bon allemand", der gute Deutsche. Der Kaufmann, von Dürer porträtiert, in Eisleben geboren, wurde in Frankreich bekannt für seine Großzügigkeit. Immer wieder spendete er als „marchand allemand" an die Armen.

Später sorgte ein anderer Deutscher für negative Schlagzeilen, Klaus Barbie, der Schlächter von Lyon. Rien n'est simple.

Vier Jahre vor dem Ersten Weltkrieg, am 11. September 1910, war im „Lübecker Volksboten" zu lesen: „Es wäre die größte Freude meines Lebens, wenn ich den Tag erleben könnte, an dem sich das demokratische Deutschland, das demokratische England und das demokratische Frankreich zur ewigen Versöhnung und zum dauernden Weltfrieden die Hände reichen würden."

Der Wunsch wurde von dem französischen Philosophen Jean Jaurès, dem Gründer der Sozialistischen Partei Frankreichs, ausgesprochen. Er schrieb seine Doktorarbeit über Luther. Ein Nationalist ermordete ihn drei Tage vor Kriegsbeginn in Paris.

Spätestens seit dem Buch „Die Schlafwandler" von Christopher Clark wissen wir, dass man in Friedenszeiten besonders wachsam sein muss, wenn sich Nationalisten melden.

Dominique de Villepin, Premierminister 2003–2007, sprach von einem neuen Land: „Franceallemagne".

Umberto Eco: „Wir brauchen eine mehrsprachige Führungsschicht in Europa!" Daniel Cohn-Bendit hat es vorgemacht: Bei der Europawahl trat er als Spitzenkandidat der Grünen einmal in Frankreich auf, später in Deutschland.

Matthias Fekl, 2017 Innenminister Frankreichs, wurde in der Tageszeitung „Libération" als „Franceallemand" bezeichnet. Er ist in Frankfurt geboren, sein Vater Deutscher, Französischlehrer, seine Mutter Französin, Deutschlehrerin.

Manuel Valls, Ex-Premierminister der Republik (2016–2017), kandidierte 2018 als Oberbürgermeister von Barcelona, wo er zur Welt gekommen war. Erst im Alter von 21 war er Franzose geworden. Schon regten sich die Hüter der Republik auf. Wieso kann er jetzt in Spanien kandidieren? – Ja, wieso nicht? Nur weiter so.

Die Achterbahn der Gefühle bleibt spannend. Jean Luc Mélenchon, Chef der „Insoumis", der Linken, 19 % der Wähler bei der Präsidentenwahl 2017, schreibt: „Deutschland ist ein Monster. Nicht einmal die Flüchtlinge wollen in Deutschland leben …" Das hat er 2013 behauptet. Alain Minc, Publizist, betitelt sein Buch „Vive l'Allemagne!" und spricht vom demokratischsten Land Europas, einer großen Schweiz.

Auf einer Afrikareise 2019 hat Emmanuel Macron angekündigt: „2050 wird Französisch die Weltsprache sein." Wir sollten uns darauf vorbereiten. Zeit zum Üben.

13. Quelques mots

Gedichte eignen sich gut, um eine Sprache zu lernen. Ein Beispiel:

A trois ans mon père
me donna quelques mots:

l'eau
le feu
le ciel
la terre
les fleurs
la tendresse
l'amitié
l'amour.

A dix ans mon institutrice
me donna quelques mots:

dictée
récitation
rédaction
note
bulletin.

A vingt ans mon capitaine
me donna quelques mots:

saluez
droite

gauche
présentez armes
feu.

Plus tard:

diplôme
carrière
femme
mariage
enfants
promotion
résidence secondaire
chômage
divorce.

Enfin, je me souviens
des quelques mots de mon père:

l'eau
le feu
le ciel
la terre
les fleurs
la tendresse
l'amitié
l'amour.

Et je pars,
seul,
avec ces quelques mots.

14. Schadenfreude

Jeder Franzose kennt das Wort Realpolitik. Steht auch in jedem Wörterbuch. Ganz anders ist das mit dem Wort Schadenfreude, obwohl französische Experten es schon benutzen: „Mauvaise joie, provoquée par le malheur d'autrui."

Norbert Elias definiert es so: „Ein Gefühl, das wahrscheinlich in zahlreichen Gesellschaften vorhanden ist, das aber nur die deutsche Sprache in einem einzigen Wort wiedergibt, um es zu einem allgemeinen Merkmal des menschlichen Daseins zu machen."

Um die Franzosen und die Deutschen humorvoll miteinander zu vergleichen, ist die Schadenfreude einfach perfekt.

Irgendwann sickerte auch in den französischen Medien durch, dass die Brücken in Deutschland sanierungsbedürftig seien und dass es im Paradies der Autofahrer Löcher in den Straßen gebe.

Schon erwähnten französische Politiker mit Genuss, dass auch in Deutschland nicht alles in Ordnung sei. Jean-Luc Mélenchon, Chef der Linkspartei „Les Insoumis", Deutschenfresser par excellence, nahm kein Blatt vor den Mund. Übersetzt ins Deutsche: „Halten Sie das Maul, Frau Merkel! Frankreich ist frei! Kümmern Sie sich um Ihre Armen und Ihre kaputte Infrastruktur!"

Das deutsche Straßennetz mit dem im Hindukusch zu vergleichen, hatte Konsequenzen. Die Familie Bertrand besuchte Deutschland. Nach der Goldenen Bremm (Landesgrenze) in Saarbrücken gibt es zahlreiche Autobahnbrücken. Monsieur Bertrand stoppte vor der ersten Brücke, um sich zu vergewissern, ob die Straße auch weiterführt ... Auffahrunfall! Um korrekt zu berichten, muss ich Ihnen beichten, dass ich in Hamburg unter einer Brücke auf der Notspur ein Auto mit einer leuchtenden Tafel bemerkte: „Brückenbeobachtung". Also muss was dran sein.

Plötzlich war das Wort Demokalypse in aller Ministermunde in Frankreich. Die Deutschen wollen keine Kinder! Die Franzosen sind kinderfreundlicher, also wird Frankreich Deutschland wirtschaftlich bald einholen. Ohne Kinder keine Zukunft. Noch heute ist das Argument regelmäßig im Fernsehen zu hören. Niemandem fällt auf, dass die Geburtenrate in Deutschland steigt, heute 1,47 %, und in Frankreich unter 2 % gesunken ist.

Beim Thema Drohne ist Schadenfreude aus deutscher Sicht angebracht. Seit Jahren fliegen Drohnen über französischen AKWs, und die Polizei findet trotz aller Bemühungen die Piloten nicht. Gar nicht auszudenken, dass mal Terroristen Bomben auf die Kernreaktoren werfen könnten.

Kaum zu glauben, aber eine Drohne flog über das französische Innenministerium und sogar über den Elysée-Palast, ohne abgefangen zu werden. Ich habe Emmanuel Macron sofort geraten, im Sommer die Schlafzimmerfenster zu schließen. Besser noch sicherheitshalber im Keller zu übernachten. Nicht ausgeschlossen, dass ein vergifteter Pfeil sich in seine Brust bohrt oder, nicht weniger folgenreich, dass ihn eine Drohne beim Gutnachtkuss mit Brigitte filmt.

Schadenfreude auf deutscher Seite, als die Presse meldete, dass die Bewohner einer Kleinstadt bei Paris von einem Tiger bedroht wurden. Höchste Alarmstufe: Schulen geschlossen, Ämter geschlossen, die Bewohner sollten zu Hause bleiben. Acht Tage dauerte es, bis die Polizei herausfand, dass die gesichteten Tatzenabdrücke von Katzenpfoten stammten. Da kann man der französischen Polizei nur raten, sich in Sachen

Katzen- und Tigerpfoten in einem Zoologischen Garten ausbilden zu lassen. Kürzlich wiederholte sich das Spiel mit einem Panther, der aber war echt. Er wurde gefangen und landete im Zoo, wo er geklaut worden war, wahrscheinlich vom Besitzer. Immer noch Schadenfreude aus Richtung Deutschland. Ein Manager der Air France wurde von streikendem Personal festgehalten. Er flüchtete über einen Zaun, sein Hemd blieb in den Händen der Aggressoren, der Mann landete halbnackt in Sicherheit. Seitdem werden alle deutschen Manager, die nach Frankreich versetzt werden, im Stabhochsprung ausgebildet, um im Falle eines Falles schneller vor wütenden Gewerkschaftern fliehen zu können.

Schadenfreude Richtung Berlin, seit bekannt wurde, dass der neue Berliner Flughafen vielleicht nie fertiggebaut werden wird, höchstens als Golfplatz. Genauso lachen sich die Franzosen die Hucke voll am Bahnhofsloch in Stuttgart.

Französische Schadenfreude in Sachen deutschem Dieselgate. Wie ist so etwas möglich mit einer Pfarrerstochter als Bundeskanzlerin, im Lande von Martin Luther? Bei diesem Thema bleiben wir Franzosen allerdings zurückhaltend, da Renault die Kunden auch betrogen hat.

Die deutsche Schadenfreude stürzt sich gnadenlos auf das AKW von Flamanville in der Normandie. Die Atomkathedrale, EPR genannt (réacteur pressurisé européen), soll das modernste AKW der Welt werden, Laufzeit 60 Jahre. Das Problem ist nur, dass es einfach nicht fertiggebaut wird und die Kosten von drei auf dreizehn Milliarden Euro gestiegen sind. Der Deckel des Reaktors hat Risse. „Warum holen sich die Franzosen keine polnischen Klempner?", fragt mich ein deutscher Freund aus Mainz. Der polnische Klempner ist seit Jahren das Schreckgespenst der französischen Nationalisten, weil er den Franzosen die Arbeit klaut. In Wahrheit brauchen die Franzosen, genauso wie die Deutschen, die Polen als Arbeitskräfte. Die Austernzüchter am Atlantik schaffen es ohne Polen nicht, genügend Austern für das Weihnachtsfest zu ernten. Und ohne Austern kein echtes Fest in Frankreich. Also fahren sie nach Polen, um neue Arbeitskräfte ins Land zu holen.

Schadenfreude empfinden deutsche Polizisten, wenn sie über die materielle Ausstattung der französischen Kollegen informiert werden. Die Deutschen paradieren in Limousinen, während die Franzosen im besten Fall einen Dacia Duster fahren dürfen und von Glück reden können, wenn das Benzin bis zur nächsten Tankstelle reicht. Kaputte Sitze in den Dienstwagen, verstopfte Klos in den Polizeistellen, Ratten als Zaungäste im Büro. Auch an der Kleidung mangelt es, der französische Polizist bezahlt manches aus eigener Tasche.

Retourkutsche: Die Franzosen mokieren sich über die Bundeswehrsoldaten, die barfuß kämpfen und das Schuhwerk von ihrem Taschengeld bezahlen müssen, weil die Produktion pennt.

Eine ganz besondere Schadenfreude wurde vor ein paar Jahren Berlin und Paris gleichzeitig beschert, nämlich durch die Affäre um das Sturmgewehr G36, das um die Ecke schießt. Ursula von der Leyen, damals Verteidigungsministerin, hatte 136.000 G36-Sturmgewehre, die um die Ecke schossen, ausmustern lassen. Da lachten die Franzosen genüsslich und freuten sich sogar, dass die Schießwut der Deutschen ein Ende hatte: „So gewinnen sie keinen Krieg mehr."

Da ich mit einem Mitarbeiter von Heckler & Koch befreundet bin, wusste ich, wie es dazu kam. Frank (Name von der Redaktion geändert) ist Pazifist und Karl-May-Fan. Er kennt „Old Shatterhand" auswendig. Tante Droll brachte den Indianern bei, wie man um die Ecke schießt, und so brachten die sich gegenseitig um. Frank sabotierte das G36, und die 136.000 Sturmgewehre wurden unbrauchbar, da sie nun um die Ecke schossen. Plötzlich, im Sommer 2016, erfuhren wir, dass Ursula 136.000 G36-Sturmgewehre an die französische Armee verkauft hatte.

Am 28. Februar 2017 weihte François Hollande den TGV Paris–Tours ein. Alles paletti. Sogar die Bahnsteige passten. In Frankreich kann es vorkommen, dass Bahnsteige abgefräst werden, weil der neue Zug zu breit ist, da die Knallköpfe aus den Pariser Eliteschulen die Breite falsch berechnet haben.

Lachen Sie nicht, vor kurzem sah ich im deutschen Fernsehen eine Reportage. Der Abstand des Zuges zum Bahnsteig war zu groß, man brauchte eine Leiter, um in den Zug ein- und wieder auszusteigen.

Zurück nach Tours. Die Champagner-Korken knallten, alle waren zufrieden, stolz auf den neuen Zug. Plötzlich ein Schuss. Hollande unterbrach für zehn Sekunden seine Rede: … „J'espère qu'il ne s'est rien passé …" – Ich hoffe, es ist nichts passiert … Er sprach weiter, unterbrach noch einmal für ein paar Sekunden seine Rede …, bevor er zum Schluss kam.

Was war los gewesen? Ein Scharfschütze war mit dem deutschen Sturmgewehr G36 nicht zurechtgekommen. Er war gestolpert und hatte zwei Kellner verletzt. Um ein Haar hätte er François Hollande tödlich getroffen.

Damit nicht genug. Die berüchtigte CRS, die Compagnie républicaine de sécurité, arbeitet inzwischen auch mit den ausgemusterten deutschen G36-Sturmgewehren, die um die Ecke schießen. Während der Proteste der Gelbwesten wurden bekanntlich über zweitausend Streikende verletzt, einige verloren ein Auge oder eine Hand. Der europäische Gerichtshof mahnte Paris: Zu gefährlich! Sogar Putin machte sich im Sommer 2019 beim Treffen mit Macron in der Sommerresidenz Fort Brégançon über die zahlreichen Verletzten lustig: „So etwas gibt es bei uns nicht!"

Kein Wunder, die deutschen Sturmgewehre schossen nicht geradeaus, was selbst die französischen Polizisten überraschte. Es war einfach unfair von Ursula, die ausgemusterten Sturmgewehre an die Franzosen zu verkaufen, dazu noch ohne zweisprachige Bedienungsanleitung.

15. Spurensuche im Klischee-Dschungel

Weiter mit der Spurensuche nach den kleinen Unterschieden et les petites différences, wie mein Partner des Grenzkabaretts, Klaus Spürkel (2016 verstorben), immer sagte. Wir traten in ganz Europa auf, als Protokollchefs mit dem Stück „Sause in Versailles – la grande bouffe", in dem alle Klischees, ob Gastronomie, Politik, Wirtschaft, Erotik oder Geschichte, aufs Korn genommen wurden.

Sarah Wagenknecht stellte sich bekanntlich im Winter 2018 in einer gelben Weste vor das Kanzleramt, um auch die Bundesbürger zum Tragen dieses Kleidungsstücks zu animieren, als Waffe gegen die Politik der Bundesrepublik.

Opfer eines Burnouts, verbrachte Sarah mit ihrem Mann Oskar ein paar Tage im elsässischen Münstertal, um sich zu erholen. Im Spa von Münster wollte das Politpaar saunieren. „La nudité est interdite dans l'espace de la balnéothérapie" war auf der Tür zur Sauna zu lesen. Oskar übersetzte für seine Frau, die der Sprache Molières nicht mächtig ist: „Nacktheit ist in der Badeabteilung verboten." Sofort zog Sarah die gelbe Weste aus ihrer Tasche und marschierte mit Oskar durch die Straßen der elsässischen Kleinstadt: „Auch die Elsässer dürfen nackt baden!" Da die Elsässer kein Deutsch mehr verstehen, verpuffte die Aktion. Die Elsässer baden tatsächlich lieber deutsch, in Badenweiler, Bad Bellingen, Bad Krozingen oder in den „Caracalla-Thermen" in Baden-Baden.

Als die Franzosen erfuhren, dass man sich in München im Englischen Garten während der Mittagspause nackt auf der Wiese ausruhen darf, stürmten sie um ein Haar, nackt, den Elysée-Palast. Im Harz gibt es sogar einen Nacktwanderpfad durch den Wald. Undenkbar im katholischen Frankreich. Als ich Student war, fuhren wir von Straßburg über den Rhein nach Kehl, um Filme von Ingmar Bergmann, zum Beispiel „Das Schweigen", zu sehen, die bei uns zensiert wurden. Kaum hatte ich diese Worte geschrieben, erwiesen sie sich als „Fake News". Im Sommer 2018 wurde im Pariser Bois de Boulogne – dem größten Bumsodrom der Welt – eine kleine Nacktzone eingerichtet. Inzwischen ist sie wieder abgeschafft, wegen zu vieler Gaffer.

Ein dankbares Thema, um Deutsche und Franzosen zu verstehen, ist die Polizei. Seit 2005 gibt es eine deutsch-französische Polizei in den Grenzgebieten. Ich besuchte sie in Kehl am Rhein. Der französische Chef hat einen deutschen Namen, Wilhelm, der deutsche Chef einen französischen, Belle. Schöner geht es nicht. Beide sind zweisprachig, was bei den Chefs des Senders arte nicht immer der Fall ist. Dennoch gibt es weiterhin Probleme. Die Handschellen sind nicht kompatibel. Sollte der Franzose den Schlüssel seiner Handschellen verlieren, kann der deutsche Kollege, trotz Zweisprachigkeit, nicht helfen. Der Bandit hat also Zeit, das Weite zu suchen.

Ich darf Sie darauf aufmerksam machen, dass die Bußgelder dank Europa über den Rhein hin- und herfliegen. Früher hat man sie einfach ignoriert. Noch ist nicht geklärt, wie die Strafen für Verkehrsverstöße verrechnet werden, da man in Frankreich Punkte verliert, von zwölf bis null, und in Deutschland Punkte bekommt, von null bis zwölf.

Das Punktesystem ist auch im Schulwesen unterschiedlich. In Frankreich werden die Noten von Null bis 20 aufwärts vergeben. 20 ist die beste Note. In Deutschland von Eins bis Sechs abwärts. Eins ist die beste Note.

Spannend bleibt es beim abgefahrenen Reifen, le pneu lisse. In Frankreich bezahlt der Halter, auch wenn er nicht der Fahrer ist, 90 Euro pro abgefahrenen Reifen. In Deutschland ist Föderalismus angesagt, auch bei Bußgeldern. Laut Paragraph 36, Absatz 1 der STVZO, der Straßenverkehrszulassungsordnung (32 Buchstaben!), bezahlt der Fahrer, wenn er auch der Halter des Fahrzeuges ist, 75 Euro für den ersten abgefahrenen Reifen und 38 Euro für jeden weiteren abgefahrenen Reifen. Wenn der Fahrer nicht der Halter ist, bezahlt er 50 Euro für den ersten Reifen plus 25 Euro für jeden weiteren abgefahrenen Reifen. Aber auch der Halter zahlt, und zwar 75 Euro für den ersten Reifen plus 38 Euro für jeden weiteren abgefahrenen Reifen. Wie soll ein Lette, Bulgare oder Ungar das verstehen? Und wie rechnen wir das Bußgeld ab?

Bleiben wir beim Auto. Beim Tanken steckt der Fahrer die Zapfpistole in die Tanköffnung. Dank des Hebels zum Arretieren des Zapfventils bleiben die Hände des deutschen Autofahrers frei, um die Scheibe zu putzen, eine Zeitung zu kaufen oder die Freundin anzurufen. Der französische Autofahrer muss die Zapfpistole krampfhaft festhalten, nicht wenige verletzen sich dabei den Daumen. Ein bekannter Pianist verstauchte sich den Daumen beim Tanken in Paris und musste das Konzert absagen. „Aus Sicherheitsgründen wird die Zufuhr beim Loslassen sofort blockiert", heißt es in Frankreich. Diese Sicherheitsmaßnahme erwartet man eher von den Deutschen. Wo bleibt die berühmte „légerté" der Franzosen?

In jeder deutschen Tankstelle kann der Autofahrer lokale oder nationale, wenn nicht sogar internationale Zeitungen kaufen. Nicht so in Frankreich, wo selbst an Autobahn-Tankstellen und in Rasthäusern die Presse fehlt. Europa steht und fällt auch mit einer gut verteilten Presse.

Eine Beruhigungspille für die deutschen Freunde: Auch wenn deutsche Züge nicht immer pünktlich sind, bleiben das heute-Journal, ZDF, und die Tagesschau, ARD, pünktlich, wie die Uhr auf dem Bildschirm es beweist. Ganz anders in Frankreich. Die Nachrichten von France 2 und TF1, eigentlich um 20 Uhr, beginnen nie pünktlich. Sie starten manchmal eine Minute früher, als die Uhr es verlangt, um den jeweiligen Konkurrenten auszustechen.

Wenn Sie es nach dieser Info-Lawine dennoch wagen, Ihren Urlaub in Frankreich zu verbringen, kann es passieren, dass Ihr Kreislauf nicht mitspielt. Dafür mag es viele Gründe geben, den klassischen Wetterumschwung oder das Einnehmen von unterschiedlichen Substanzen wie Pastis, Weißwein oder Rotwein. Der französische Notarzt wird Ihnen professionell den Blutdruck messen. Sollten Sie Werte vernehmen wie 9 zu 14, keine Panik. Es gibt trotz Brüssel beim Blutdruckmessen unterschiedliche Traditionen in Frankreich und Deutschland: 9 zu 14 heißt auf gut Deutsch 90 zu 140. Auch deutsche Ärzte, die noch nie in Frankreich gearbeitet haben, wissen das nicht.

16. Die Liebe zur Uniform

Die Uniform ist auch ein geeignetes Thema, um Unterschiede zwischen Franzosen und Deutschen zu verstehen.

Der Punkt 1 der Hausordnung im Elysée-Palast heißt: Le commandement militaire.

Im Fernsehen ist die Liebe des Präsidenten zur Uniform nicht zu übersehen. Im Hof des Elysée-Palastes stehen die Uniformierten stramm wie Wachsfiguren: Mitglieder der protokollarischen Eliteeinheit, garde républicaine genannt. Schwarze Stiefel, weiße Hosen, Helm mit Pferdeschwanz, Säbel. Manchmal machen sie auch Musik. Am 14. Juli, dem Nationalfeiertag, umzingeln sie auf Pferden den Wagen des Präsidenten, wenn er die Champs Elysées im Command Car hinauffährt. Ganz preußisch geht es zu. Undenkbar, dass Frau Merkel in einer solchen Inszenierung unter dem Brandenburger Tor durchfährt, um über die Prachtstraße „Unter den Linden" zu paradieren.

Wenn Monsieur le Président sich unter das Volk mischt, wimmelt es von Uniformierten: die Préfets (Vertreter der Regierung in jeder Region und jedem Département) sehen wie russische Generäle aus. Sämtliche Stabsoffiziere, auch der persönliche Arzt, alle stecken in Uniform. Bei Presseauftritten schiebt ein Mann in Uniform das Manuskript des Präsidenten auf sein Pult und holt es wieder ab.

Wenn's ernst wird, zögert Monsieur le Président nicht, sich für die Tagesschau auf dem atomaren Flugzeugträger „Charles de Gaulle" – mit Kampfflugzeugen im Hintergrund – interviewen zu lassen. Dass der Flugzeugträger als Pannenkönig bekannt ist, stört ihn nicht. Frankreich steht beim weltweiten Waffenverkauf auf dem Siegerpodest: Bronze-Medaille.

Wer wurde vom Präsidenten als Verantwortlicher für den Wiederaufbau von Notre-Dame beauftragt? Ein General: Jean Louis Georgelin, ehemaliger Stabschef der französischen Armee. Dem zuständigen Architekten sagte er: „Ferme ta gueule!" – Halt die Schnauze! –, und wiederholte die Aussage stolz im Fernsehen.

Die deutschen Generäle sehen seit 1945 wie biedere Hausmeister aus. Dafür haben die Deutschen eine metaphorische Uniform: den Doktortitel.

Eine Visitenkarte ohne Doktortitel ist keine Visitenkarte. Am liebsten „Prof. Dr. Dr. h. c. mult.", wie es der ehemalige Rektor der Freiburger Universität, Wolfgang Jäger, bewiesen hat. Bei seinem siebzigsten Geburtstag war ich dabei. Die Pressestelle hatte das „h. c. mult." vergessen, die Einladungen mussten neu gedruckt werden.

In Frankreich, trotz Eliteschulen, steht der Doktortitel nur bei Ärzten auf der Visitenkarte.

Es ist mir bekannt, dass einige deutsche Politikerkarrieren wegen erwiesenen Betrugs bei der Doktorarbeit – meistens wegen Abschreibens – abrupt endeten, ob bei Karl Theodor zu Guttenberg oder Bildungsministerin Annette Schawan, die immerhin zum Trost Botschafterin im Vatikan wurde. Bundesfamilienministerin Franziska Giffey wurde als Vorsitzende der SPD gehandelt. Keine Chance nach dem Plagiatsvorwurf. Sie durfte ihren Doktortitel schließlich behalten.

Im Lutherjahr 2017 schliefen nicht wenige Lutherverehrer schlecht. Luthers Doktorarbeit war nicht ausfindig zu machen. Ich kann alle beruhigen. Dr. Martin Luther hat nie abgeschrieben. Er hatte überhaupt keine Arbeit verfasst, als er am 19. Oktober 1512 in Wittenberg zum Doktor promoviert wurde. Er wurde evaluiert. Sehr modern.

Liegt es daran, dass mein Name deutsch klingt oder dass ich auch in der deutschen Medienwelt aktiv bin? Ich bekomme regelmäßig Angebote in deutscher Sprache, akademische Titel zu erwerben.

„Echter Doktortitel bereits für 49,00 Euro. Doktortitel kaufen. Erhalten Sie jetzt völlig legal einen echten Doktortitel. Wir ernennen Sie zum Doktor oder Professor. In wenigen Tagen erhalten Sie Ihre persönliche Urkunde, die Ihre Ernennung bestätigt. Sie dürfen Ihren Titel ab sofort tragen. Professor für nur 79,00 Euro. Professor und Doktor als Kombi: 99,00 Euro."

Es gibt auch Doktortitel als Geschenk. „Wissen Sie noch nicht, was Sie Ihren Lieben zu Ostern schenken sollen? Wie wäre es in diesem Jahr mit einem ungewöhnlichen Geschenk? Ernennen Sie Ihre Lieben jetzt zum Doktor! Oder soll es lieber ein Professor sein?"

Als junger Autor habe ich diese Doktortitelspielereien nie ernst genommen und meine Doktorarbeit einfach abgeschrieben. Später zur Sicherheit sogar einen Titel gekauft. Als mir das zu mulmig wurde, habe ich dann doch noch eine echte Doktorarbeit geschrieben. Thema: „Das deutsch-französische Federbett, auf Französisch Couette genannt". Ich darf aus dem Vorwort zitieren: „Ich weise meine französischen Leser und Leserinnen darauf hin, dass das deutsche Pärchen, homosexuell oder heterosexuell, kein gemeinsames Ehebett kennt. Jedes deutsche Pärchen hat zwei Betten, Seite an Seite zwar, aber getrennt durch das Bettgestell. Besucherritze.

Gewiss, zahlreiche junge Leute haben sich für ein gemeinsames Bett entschieden, dass übrigens französisches Bett genannt wird, aber die Mehrheit der germanischen Bevölkerung wählt das Bett mit zwei Matratzen. Die sozialpolitischen Folgen dieser Entscheidung sind ungeheuer. Der deutsche Föderalismus erklärt sich aus der Teilung des Schlafraums in zwei Einheiten, innerhalb derer jeder Bürger sich autonom entwickeln kann. Das Einswerden in der Fusion ist eine jakobinische Liebestheorie, auf wirtschaftlichem Gebiet nicht minder verhängnisvoll.

Aber es ist kein Zufall, wenn man im heutigen Deutschland immer häufiger von Zentralismus spricht, zu einer Zeit, da die jungen Deutschen immer häufiger in französischen Betten schlafen. Und es ist ebenso wenig ein Zufall, wenn man in Frankreich immer häufiger von Regionalisierung spricht, zu einer Zeit, da die Jugend immer häufiger zur Einzelbettdecke greift und das jakobinische Federbett zurückweist. Wenn die französische Dezentralisierung dennoch nur schleppend vorankommt, hat das einen einleuchtenden Grund. Die Franzosen kaufen zwar immer häufiger Einzelbettdecken, schlafen aber weiterhin in einem gemeinsamen Bett. Sie scheuen den entscheidenden Schritt, den Kauf zweier Einzelbetten oder wenigsten von Einzelmatratzen." Die weiteren 856 Seiten meiner Doktorarbeit finden Sie in den Bibliotheken.

Den zweiten echten Doktortitel habe ich erst an Weihnachten 2019 erlangt, allerdings mit Summa cum laude, was beim ersten Doktortitel nicht der Fall war: „Sex im Alter am Beispiel von Brigitte und Emmanuel Macron, Président de la République française". Untertitel: „Ist das Modell auf deutsche Politiker-Paare übertragbar?"

Sex im Alter ist brandaktuell in den deutschen Altersheimen, seit der Altersunterschied von Brigitte und Emmanuel bekannt ist: 24 Jahre. Helga lebt im Altersheim von Waldkirch am Fuße des Kandel. Sie hat zu mir Folgendes gesagt: „Martin, wenn Brigitte 90 ist, ist Emmanuel erst 66. Ich bin jetzt 90, also versuche ich es nochmal."

17. Macron: Performer oder Scharlatan?

Beiben wir bei Emmanuel Macron: Banker, Pianist, Philosoph, Politiker oder Scharlatan? Wird er Frankreich, Europa und die Welt retten? „Von Politik hat er keine Ahnung", sagt selbst sein Freund Daniel Cohn-Bendit. In der Tat musste er nie Wahlplakate kleben. Er stolperte sozusagen direkt von der Schulbank ins höchste Amt, nur weil sein Konkurrent François Fillon seine Frau Penelope fürs Nichtstun üppig aus der Staatskasse bezahlen ließ und von dubiosen Gestalten Anzüge im Wert von 50.000 Euro als Geschenk annahm. Dümmer geht es nicht. Dennoch schenkten ihm 2017 im ersten Wahlgang der Präsidentenwahlen 20,01 % der wahlberechtigten Franzosen ihre Stimme. Macron wählten 24,01 %.

Die erste Begeisterungswelle liegt lange zurück, Angela und Emmanuel haben nun ausgezaubert, dennoch sind nicht wenige Deutsche weiterhin von ihm fasziniert. Endlich ein Franzose, der an Europa glaubt! Hatten Sarkozy und Hollande vor ihren Wahlen nicht damit gedroht, Merkel zu stürzen?

Wenn ich Macron in meinen Kolumnen auch nur leise kritisiere, wird dies als Macron-Schelte verstanden und in Graff-Schelte umgewandelt. Eine Elisabeth schreibt mir aus Landau: „Bitte lassen Sie meinen Emmanuel in Ruhe!"

Dennoch: Macron hat den lutherischen Urknall verpasst. Luther hat das vatikanische Machtmonopol gesprengt. Jeder soll und kann die Bibel lesen. Die deutschen Energiemoleküle werden unter dem Volk verteilt. „Made in Germany" dank Luther und Föderalismus. Mittelstand statt Atomkathedralen wie in Frankreich.

Charles Louis de Montesquieu, der Autor von „L'Esprit des lois" – darin behandelt er die Trennung von Legislative, Judikative und Exekutive –, reiste 1789 noch vor der Revolution nach Deutschland und sprach von „république fédérative" nach deutschem Muster.

Dennoch bleiben wir mit Angela Merkel auf dem Pfad der Vernunft. In der Coronaviruskrise, als vor lauter Besserwisserei miteinander unvereinbare Entscheidungen drohten, warnte die Bundeskanzlerin: „Föderalismus ist nicht dafür da, dass man Verantwortung wegschiebt."

Frankreich bleibt eine republikanische Monarchie, Macron selbst hat sein Amt als jupiterhaft bezeichnet, was auch stimmt. Er hat mehr Macht als Trump. Die Regionalparlamente haben praktisch keine Macht außer der, Fahrradwege zu gestalten oder sich um Schulklos zu kümmern.

Als Chef der Armee entscheidet er allein über Krieg und Frieden, braucht das Parlament nicht zu fragen. Wie Sarkozy, der 2011, ohne das Parlament zu fragen, den Krieg gegen Gaddafi, den er früher in Paris pompös empfangen hatte, entfachte. Die katastrophalen Auswirkungen dieses Alleingangs spürt Europa in Form von Flüchtlingsströmen noch heute.

Allein der Präsident besitzt den Geheim-Code für die Atomwaffen. Von „Revolution", so heißt das bis jetzt einzige Buch von Macron, keine Spur. Vertikales statt horizontales Denken. Von ihm allein erwartet man alles. Impeachment undenkbar.

So war es auch mit Vorgänger François Hollande. Er reduzierte die 23 französischen „Regionen" auf 13, ohne das Volk zu fragen. Die Region Grand-Est, mit der das Elsass verschmolzen wurde – von Belgien bis zur Schweiz –, wurde beim Essen in einem feinen Pariser Restaurant zusammengewürfelt, genau wie Tuđman und Milošević sich den Balkan auf einer Tischdecke teilten. Das Hauptargument: „Sparen wie die Länder in

Deutschland, die alle grösser sind." Zweimal falsch: Es gibt auch kleine Länder in Deutschland, und die Kosten der neuen französischen Regionen explodierten. Gespart wurde kein Cent, bestätigt der Pariser Rechnungshof.

Wenn Hollande der König des Personalpronomens war – Rekord: 183-mal „Je" innerhalb von 33 Minuten beim Fernsehsender BFMTV –, so ist Macron der Kaiser des Personalpronomens: siebenmal „Je" in einem einzigen Satz, im Flugzeug zwischen der Île de la Réunion und Paris. Hochgerechnet steigt sein Gebrauch von „Je" ins Unermessliche.

Bis zu sieben Stunden dauerten seine „débat national", 2019 live im Fernsehen übertragen, wenn er den Franzosen vor dem Bildschirm die Welt erklärte. Als ich seine Ausführungen mit dem Wortschwall von Fidel Castro verglich, fragten sich die deutschen Kollegen, ob ich zu viel Riesling getrunken hätte. Gewiss, es gibt bei Macron einen wesentlichen Unterschied zu Castro: Er hört auch zu, wenn Fragen gestellt werden.

Mit der Presse geht er um wie in einer Bananenrepublik. Nach dem G7-Gipfel in Biarritz 2019 lud er sich selbst um 20 Uhr in die Abendnachrichtensendung des öffentlich-rechtlichen Fernsehsenders France 2 ein. Die dauert normalerweise 30 Minuten, er füllte sie ohne Hemmungen mit 15 Minuten Überziehung. Um 20.45 Uhr blieb der Ankerfrau Anne-Sophie Lapic nur noch Zeit für eine einzige Meldung: „Das Wetter!"

Wir Franzosen sind von der Beichtkultur direkt zur Streikkultur übergegangen, ohne die Streitkultur kennenzulernen. Aber wir haben ja die Gelbwesten.

18. Tanz der Sprachen

Das Spiel mit den Sprachen ist lebenswichtig, um die Kopfgrenzen zu sprengen. Albert Camus, Literaturnobelpreisträger, schreibt: „Mal nommer les choses c'est ajouter aux malheurs du monde." Man verschlechtert den Zustand der Welt, wenn man die Dinge nicht richtig benennt.

Auf kaum einem Gebiet der deutsch-französischen Beziehungen sind mehr „Fake News" zu finden als auf dem der sprachlichen Geographie. Dies liegt natürlich zunächst daran, dass nur eine Minderheit mehrsprachig aufwächst und denkt.

„Französisch ist eine schwierige Sprache", sagt der Deutsche, der sich vergeblich bemüht, die Sprache von Molière zu lernen. „Deutsch ist eine schwierige Sprache", sagt der Franzose, der unter der Lawine der deutschen Grammatik erstickt.

Jeder Deutsche findet „je t'aime" eleganter und zärtlicher als „ich liebe dich". Wobei „ich liebe dich" phonetisch eindeutig „lieblicher" klingt als „je t'aime".

„In Wirklichkeit ist jede Sprache die schönste der Welt", wie Isidore Lumière behauptet. Herta Müller, auch Literaturnobelpreisträgerin, sagt es mit ihren Worten: „In jeder Sprache sitzen andere Augen." Beim Sprachwechsel verändert sich die Farbe der Augen, auch die Muskeln fühlen sich anders an. Ganz einfach weil wir eine Sprache nicht nur beherrschen, sondern auch von ihr beherrscht werden.

Weltbürger Albert Schweitzer, der zweisprachig aufwuchs, schreibt: „Den Unterschied zwischen den beiden Sprachen empfinde ich in der Art, als ob ich mich in der französischen auf den wohlgepflegten Wegen eines schönen Parkes erginge, in der deutschen aber mich in einem herrlichen Wald herumtriebe."

Der mythologische Hintergrund ist klar: deutscher Wald contra Versailles. Aber für einen Elsässer wie Albert Schweitzer kommt eine weitere Perspektive dazu: „Aus den Dialekten, mit denen sie Fühlung behalten hat, fließt der deutschen Schriftsprache ständig neues Leben zu. Die französische hat diese Bodenständigkeit verloren."

Der Sprachwechsel hat auch eine erotische Dimension. Beispiel: Im Grenzkabarett bitte ich immer einen Mann, seiner Frau tief in die Augen zu schauen und folgenden Satz auszusprechen: „Der Schnee ist weiss." Danach: „La neige est blanche."

„Ein Blitz! Haben Sie den Blitz gesehen?", frage ich das Publikum.

Ja, alle haben den Blitz gesehen und werden das Experiment heute Nacht noch mal durchführen.

Frédéric Mistral, ein Literaturnobelpreisträger aus der Provence, Jahrgang 1904, sagte: „La langue est la clé de la culture." Die Sprache ist der Schlüssel zur Kultur. Amin Maalouf, académicien français, Mitglied der 1512 von François I. ins Leben gerufenen französischen Sprachpolizei, plädiert in seinem Buch „Les identités meurtrières" – Mörderische Identitäten – für die Mehrsprachigkeit, die uns erlaubt, mit mehreren Zugehörigkeiten zu leben. Bekanntlich sagte Goethe, die eigene Sprache erlernt man erst, wenn man eine Fremdsprache lernt.

Wie sagt Olivier aus der Pfalz, Mutter Französin, Vater Deutscher? „Premièrement, je suis de cœur français. Deuxièmement, mon âme est allemande. Troisièmement, mon esprit est européen." Bernadette, Mutter Deutsche, Vater Franzose, formuliert es umgekehrt: „Erstens, mein Herz ist deutsch. Zweitens, meine Seele ist französisch. Drittens, mein Geist ist europäisch." Auf den dritten Punkt kommt es an.

Claudio Magris, der Donaupoet, fordert uns auf, durch den Sprachwechsel mit der Mentalität verschiedener Völker zu denken.

Wie sagte Umberto Eco in seinem Buch „La recherche de la langue parfaite"? „Die Übersetzung ist die Sprache Europas."

„Erasmus" bleibt eine Vision, um Europa zu gestalten, sei es bei den Studenten oder bei den Arbeitern. Oft vergessen wird das Institut für Berufliche Bildung mit Sitz in Saarbrücken. Zukünftige Mechaniker, Elektriker, Maler und Schreiner reisen durch Europa.

Ausgerechnet die Elsässer habe diese Lektion verlernt. Sie leiden unter dem sprachlichen „Whiteout". Sie wissen nicht mehr, wo sie sich befinden.

19. Cheesehouse, Schisshüss oder Kashüss

Die Elsässer haben sprachlich deutsche Gene, die sie auszumerzen versuchen wie Wanzen. Viele lernen lieber Spanisch statt Deutsch und versperren sich damit den Arbeitsmarkt der deutschen Nachbarn, der im Gegensatz zum elsässischen floriert. Die militanten Elsässer verteidigen Elsässisch und Deutsch auf Französisch, weil sie es nicht mehr schaffen, ihre Muttersprache zu sprechen, das heißt sie geben sie auch nicht an ihre Kinder weiter. Deutsche Reporter verstehen das nicht. Erstens, weil die Dorfnamen mit der Endung „-heim" immer noch vorhanden sind. Zweitens, weil immer mehr Straßenschilder zweisprachig sind. Drittens, weil sie immer noch auf einen letzten Mohikaner treffen, der sich mit ihnen einigermaßen auf Deutsch unterhalten kann. Viertens, weil die führenden Politiker für die Zweisprachigkeit plädieren, manche sogar auf Deutsch in Deutschland, wie Brigitte Klinkert, Chefin des Département du Haut-Rhin, aber im Elsass nur französisch parlieren.

Zweifel tauchen erst auf, wenn deutsche Journalisten die Webseite der „Maison du fromage" in Münster besuchen. Statt Käsehaus oder Kashüss lesen Sie „La cheesehouse", ausgesprochen „Schisshüss", und jede Zeile auf Deutsch beinhaltet zehn Fehler.

Dies hat nicht nur mit der bekannten repressiven Sprachpolitik Frankreichs zu tun. Die Pariser sind längst davon überzeugt, dass Französisch die adamische Sprache ist, also die Ursprache der Menschheit. Es hat auch mit dem Zweiten Weltkrieg zu tun, als die Väter in die deutsche Wehrmacht eingezogen wurden, weil sie damals noch Deutsch sprachen. Beides zusammen ergibt die bekannte Losung: „Il est plus chic de parler français que de parler allemand." Punkt, aus. Dumm gelaufen, kann man da nur sagen. Weil Elsässisch den Weg zum Hochdeutschen, sogar zum Englischen öffnet.

Als ich mit Jean-Paul Sartre in Montmartre frühstückte, sah der Tisch danach wie ein Schlachtfeld aus. Der Philosoph quetschte die Croissants, indem er sie in den Café au lait tunkte – tunka auf Elsässisch, to tunk auf Englisch. Dann schlürfte er unappetitlich laut – schlurfa auf Elsässisch, to slurp auf Englisch.

Wenn ich in San Francisco mit meinem Bike den Highway One hinuntersause, blicke ich auf ein Schild mit der Aufschrift „Noodle Express" und verstehe sofort, dass es Zeit ist für eine Nudelpause, sehr beliebt bei den Tour-de-France-Fahrern.

Becky Anderson von CNN interviewt mich: „Mister Graff, we are goeing to shuffle some ideas about Emmanuel Macron and Europe." Shuffle? Das Wort fällt mir nicht sofort ein, aber ich erinnere mich, dass ich im Winter immer „Schnee schüfla muss, daheim en da Vogesa", Schnee schaufeln. Also kann man par extension auch Ideen schaufeln, pelleter, brasser des idées. Genau so ist es. Einem Pariser würde so etwas nie einfallen. Sogar das bekannte Werk von Jean-Paul Sartre, „L'être et le néant", versteht man auf Elsässisch besser als auf Französisch. „G'hüpst wia g'sprunga", dafür braucht man keinen einzigen Doktortitel.

20. Karl Marx, Albert Schweitzer und Thomas Mann

Karl Marx schrieb seiner Tochter Eleonore auf Deutsch und Französisch nach London, als er sich zur Kur in Nizza aufhielt. Albert Schweitzer schrieb sein erstes Buch über Bach zunächst auf Französisch, später verfasste er eine deutsche Version. Mit seiner zukünftigen Frau, Helene Bresslau, korrespondierte er zehn Jahre lang auf Deutsch und Französisch:

„Strasbourg, mardi soir, 9 novembre 1909: Ce sont des journées très agitées ... Demain, ce sera mon tour de pratiquer à la Augenklinik. *Il faut que je lise encore beaucoup ce soir pour de nouveau m'orienter. L'orgue du* Sängerhaus *avance. Mais il me cause encore des ennuis.* Rapp hat ein falsches Maß für das Verhältnis von Pedal und Spieltisch angegeben. Ich muß den Fehler corrigieren, so gut es geht. Er ist ein Strudelkopf. *Quelle est la musique que je dois vous envoyer?* Total vergessen! Weiß nur, daß es etwas von Schubert war. *Dimanche, c'était très beau;* es war weihevoll, wieder zu predigen, und goldener Sonnenschein lag über der Welt und in meinem Herzen.

Je dois déjà penser à mon prochain sermon. Je vous baise la main, à vous, AS.“

Thomas Mann tanzt im „Zauberberg" zwischen den Sprachen. Hans Castrop unterhält sich mit Clawdia im Kapitel „Walpurgisnacht" auf Französisch und Deutsch.

Auch in „Bekenntnisse des Hochstaplers Felix Krull" wechselt er zwischen Deutsch und Französisch. Madame Houplé, alias Diane Philibert, eine Elsässerin aus Straßburg, unterhält in einem Pariser Luxushotel eine Beziehung mit Armand (Krull):

„Ab und hinweg, dass ich dich sehe, dass ich den Gott erblicke! Hilf rasch! *Comment, à ce propos, quand l'heure nous*

appelle, n'êtes-vous pas encore prêt pour la chapelle? Désha-
billez-vous vite! Je compte les instants! La parure de noce! So
nenn' ich deine Göttterglieder, die anzuschauen mich durstet,
seit ich zuerst dich sah. Zu mir, zu mir..." – „Nenne mich du!",
stöhnte sie plötzlich nahe dem Gipfel. „Duze mich derb zu
meiner Erniedrigung! *J'adore d'être humiliée! Je t'adore!* Oh, *je*
t'adore, petit esclave stupide qui me déshonore ..." – „Ein kleiner nackter Lifttreiber liegt bei mir und nennt mich ‚liebes
Kind', mich *Diane Philibert! C'est exquis* ... *ça me transporte!*
Armand chéri, ich wollte dich nicht kränken."

21. Ende gut, alles gut

Verkehrsschilder auszutauschen ist die klassische Antwort an den Feind. Die Résistants verwirrten dadurch die Wehrmachtssoldaten.

Es gab im Elsass schon immer eine friedliche Variante. Karl Emil Franzos, in Cernowitz geboren, bekannter Reporter um die vorletzte Jahrhundertwende, stellte schon damals fest, dass die Straßburger den deutschen Besuchern in französischer Sprache antworteten oder sie schlicht und einfach in die falsche Richtung schickten, um sie zu ärgern.

Nach dem Zweiten Weltkrieg ging das Spiel weiter. Die Elsässer schickten die ersten deutschen Touristen in die falsche Richtung. Heute soll dies auch noch vorkommen, aber nur selten.

Ein Grund dafür war auch nach 1945 das sogenannte Pyjama-Syndrom, wie die Experten das Phänomen nennen. Am 23. Dezember 1944 veröffentlichten die „Straßburger Neuesten Nachrichten" einen Anruf an die elsässische Bevölkerung, Pyjamas für das Bürgerspital zu spenden.

In Wirklichkeit jedoch verschwanden die Deutschen mit den elsässischen Pyjamas. „Gut wir haben den Krieg verloren, aber denkt daran, wir kommen wieder, und solange wir nicht zurück sind, werdet ihr nicht mehr ruhig schlafen."

Die neue deutsch-französische Freundschaft hat das Pyjama-Trauma in der Mottenkiste der Vergangenheit verschwinden lassen, aber es wirkt immer noch nach. Wir Elsässer brauchten mehr Zeit als die übrigen Franzosen, um uns mit den Deutschen zu versöhnen.

Sogar der Super-Experte Alfred Grosser sagte zu mir: „Ja, die Elsässer schaffen es nicht, eine Brücke zwischen Frankreich und Deutschland zu bauen. Der Ballast der Geschichte ist zu schwer."

Wie beobachtet, trotz Sonntagsreden, bleibt die Zweisprachigkeit ein unerfüllter Wunsch. Dennoch ist die Versöhnung Wirklichkeit. Der Beweis dafür: Die Elsässer lassen ihre Bettwäsche, trotz internationalem Virus, in Deutschland waschen. Die deutschen Touristen im Elsass schlafen also in den elsässischen Hotels in einer von Deutschen gereinigten Bettwäsche. Noch besser: Die elsässischen Altersheime lassen die Bettwäsche der Älteren, die noch die deutsche Besatzung miterlebt haben, in Deutschland säubern. Im Altersheim meiner Mutter fährt ein LKW vor. Er kommt aus Baden-Baden, 160 km entfernt, und holt die Bettbezüge und Handtücher meiner Mutter Marie-Louise ab, deren Mann, zwangseingezogen zur Wehrmacht, in Ostoberschlesien gefallen ist. Mario, der Fahrer, stammt aus Sibiu (Hermannstadt) in Rumänien.

Das ist Europa, das ist Frieden. Ende gut, alles gut.

Nachwort

Tausende von Briefen, ob via traditionellem Postweg oder per Strompost, fanden in all den Jahren ihren Weg zur Gedanken-schmuggler-Universität der Hochvogesen. Auf viele habe ich ge-antwortet, nicht auf alle. Pour les lectrices et lecteurs qui sont restées sur leur faim, je me bocuse – eine sprachliche Schöp-fung von Klaus Spürkel, mit dem ich 2003 in Riegel am Kai-serstuhl das Grenzkabarett in seiner Theaterform gründete.

Die allergrößte Mehrheit der Autorinnen und Autoren sind begeisterte Verfechter der Zweisprachigkeit, die zu einer Ver-festigung der deutsch-französischen Beziehungen beitragen wird. Es lebe Europa, trotz der zahlreichen nationalistischen Dünnbrettbohrer, die Oma Caroline als Patr'idioten bezeich-net.

Es gibt auch Nörgler, in Zeiten mit und ohne Corona, wie den emeritierten dreifachen Doktor A. S. Sprachspiele, wie ich sie in der Kolumne „Zungenknoten" in der Tageszeitung „Die Rheinpfalz" veröffentliche, findet er absurd. Der Professor be-schimpft mich in allerbestem Französisch als „connard linguis-tique" – frei übersetzt als „literarisches Arschloch".

Im März 2020 hatte ich die kriegerische Rhetorik von Prä-sident Macron in Sachen Covid-19 – „Nous sommes en guerre" – in Frage gestellt. „Ce langage militaire ist nicht angebracht. Krieg ist, wenn Bomben auf mein Haus fallen, wenn Stukas die Bewohner von Paris wie 1940 auf der Flucht vor der Wehr-macht wie Hasen abknallen."

J. H. aus Zittau schreibt an die Abteilung „Gedanken-schmuggel" du journal „Die Rheinpfalz": „Eine kritische Stel-lungnahme, als Zeitzeuge der Erlebnisgeneration 1939–1945. Darin behaupten Sie – im Zuge Ihrer Political-Correctness-

Vergangenheitsbewältigung – u. a., dass 1940 deutsche Stuka-Flugzeuge Angriffe auf die Pariser Stadtbevölkerung geflogen hätten!? Dies ist unrichtig und historisch nicht nachvollziehbar. Die Sturzkampfbomber wurden nämlich grundsätzlich eingesetzt gegen Panzer-Ansammlungen, Großkampfschiffe Truppenansammlungen ... bestimmt nicht gegen einzelne Personen auf Straßen und Plätzen ..."

„Sehr geehrter Herr J. H., die Bombardierung der wehrlosen flüchtenden Pariser Bevölkerung ist so gut dokumentiert wie die Verfolgung der Juden im Dritten Reich, wie die Existenz der Vernichtungslager, wie die Annektierung des Elsass durch das Dritte Reich, wie das Verbot im Elsass zwischen 1940 und 1945, Französisch zu sprechen, wie die Errichtung des einzigen Vernichtungslagers auf französischem Territorium im elsässischen Natzweiler, Struthof genannt, wie die Übernahme der Straßburger Universität durch die Nazis, wie die Experimente des Anatomie-Professors Dr. August Hirt, Freund von Himmler, mit Häftlingen, in Auschwitz selektiert, im Struthof umgebracht, wie die Zwangseinziehung der jungen Elsässer in die Wehrmacht und die Waffen-SS, wie die Eingliederung der jungen Elsässerinnen in den Reichsarbeitsdienst, wie die Zwangsversetzung der elsässischen Lehrer ins Alt-Reich zwecks Germanisierung. Dies alles und noch einiges mehr ist ‚historisch richtig und nachvollziehbar‘."

Im Frühling 2020 blühten also nicht nur die Narzissen und Maiglöckchen auf, sondern es spross auch gleichzeitig eine neue Grenzmentalität.

Ich hatte gerade die Grenzpfosten für die Kuhherde, die den Campus abgrast, erneuert, als folgende Mail ins Haus flatterte:

„Guten Tag, Herr Graff, ganz auf mein Bauchgefühl vertrauend, schreibe ich nun diese Mail. Heute Morgen kamen Sie mir in den Sinn und ich kramte zwei Ihrer Bücher hervor, die ich vor Jahren schon gelesen habe. Ich erhoffte mir darin eine Erklärung für meine zwiespältigen Gefühle, die ich seit dieser Corona-Krise und den Restriktionen in Frankreich in mir trage.

Ich bin Deutsche und lebe seit meinem 24. Lebensjahr nun schon 40 Jahre in Frankreich. Die ersten 20 Jahre in Marseille und Toulon, anschließend im Elsass. Heute in T. Damals in Marseille habe ich mich in das Land verliebt und bin gerne und aus Überzeugung geblieben. Mein ganzes Leben habe ich nie ernsthaft darüber nachgedacht, in meine alte Heimat zurückzukehren.

Es waren nicht irgendwelche Konvention, die mich daran gehindert hätten, wie Heirat, Haus, Arbeit. Alle Schwierigkeiten habe ich gern auf mich genommen. Habe die Sprache erlernt, akzeptiert, dass meine Diplome nicht anerkannt wurden, und akzeptiert, dass Deutsche nicht so beliebt sind. Ich bin gerne hier und Frankreich hat einen sicheren Platz in meinem Herzen. Ich habe meinen Sohn zweisprachig zu einem guten Europäer erzogen.

Nun geschah es zum ersten Mal, dass ich letzte Woche am liebsten meinen Koffer gepackt hätte und mit meinem Auto über die Grenzbarrieren gefahren wäre. Ich erlebte einen solchen inneren Druck durch die Freiheitsbeschränkungen und die oft logisch nicht nachvollziehbaren Anordnungen, dass ich mich innerlich plötzlich sehr einsam mit der Haltung meiner Nachbarn und französischen Bekannten fühlte. Vielleicht empfinden sie wie ich, es wird aber nicht darüber gesprochen.

Wie soll ich es beschreiben … Natürlich halte ich Distanz, fülle das Papier jedes Mal aus usw., doch gibt es Anordnungen, denen ich mich gern entziehen würde, wie die Ausgangsbegrenzung auf nur eine Stunde pro Tag und das Verbot, in den

Wald zu gehen. Das geht aber nicht. Mein Nachbar denunziert, die Polizei verwarnt mich, weil ich alleine, einsam in der Natur, auf einer Bank sitze.

Doch das Schlimmste für mich ist die Tatsache, dass ich auch nach intensiver Suche keine Stimmen in Frankreich finde, die sich Fragen über unsere Bürgerfreiheit stellen. Ohne das Virus zu unterschätzen, könnte man doch anders damit umgehen.

Ja, und hier beginnt mein Dilemma. In mir erhebt sich die Rebellin und ich kann mit niemanden darüber reden. Im Elsass halte ich meinen Mund, und erst wenn sich mein Gesprächspartner als freiheitsliebender Franzose zu erkennen gibt, zeige ich mich ohne Maske!

Dieses Schreiben an Sie ist mit der Hoffnung verbunden, bei Ihnen, wo Sie doch so brillant die Unterschiede der französischen und der deutschen Seele erfasst haben, eine Antwort zu finden, die mir helfen wird, mich zu positionieren.

In der Hoffnung, Sie mit dieser Mail nicht belästigt zu haben, verbleibe ich mit freundlichen Grüßen, C. M."

S. P., ansässig in Sarreguemines, schreibt mir:

„Ich bin deutscher Staatsbürger, wohnhaft in Frankreich, arbeite in Saarbrücken, also Grenzgänger und Pendler. In der Innenstadt wurde ich von einer adretten Dame mit saarländischem Akzent angemacht: ‚Was haben Sie als Franzose hier in Deutschland zu suchen?'

Ich antwortete ihr darauf mit meinem norddeutschen Akzent: ‚Ich bin ein deutscher Beamter und verbitte mir Ton und Frage, die uns 75 Jahre zurückwirft. Der Krieg ist vorbei Madame.'

Vor lauter Schreck stieß die Dame mit der Brust in eine Parkuhr und brach zusammen. Ich betätigte sofort den Notruf.

Zur Kenntnis, mit europäischen Grüßen, SP."

Aus dem Elsass erreicht mich:

„Cher monsieur Graff, Je suis Alsacien, j'habite à Ottmarsheim et je travaille à Müllheim en Allemagne. Hier soir j'ai retrouvé mon Käfer avec les deux portières avant rayées. Pouvez-vous intervenir contre cette chasse à l'homme d'une autre époque.

Merci d'avance, cordialement vôtre, A. F."

Der neue Grenzenwahn kann sich auch kabarettreif ausdrücken. Im lothringischen Schoeneck errichteten Arbeiter des saarländischen Landesamtes für Straßenbau – auf Antrag der Bundespolizei – eine Straßensperre auf französischem Territorium … ohne es zu merken. Sie waren zu jung, um den alten Grenzverlauf geographisch noch in Erinnerung zu haben.

Zwischen Konstanz und Kreuzlingen wurde die deutschschweizerische Grenze mithilfe eines Drahtzauns gesperrt. Deutsch-schweizerische Liebespaare trafen sich für Zaunküsse. Zu viel des Guten für die Helvetier, die einen zweiten Zaun aufzogen, um jeglichen Hautkontakt zu verhindern.

Paradox bleibt, dass sich Deutschland wie auch die Schweiz, Österreich und Luxemburg ohne Wenn und Aber musterhaft gezeigt haben in Sachen Nothilfe für überlastete französische und italienische Krankenhäuser: Rund 200 Patienten wurden so gerettet.

Aus Paris hört man nur Lob, wenn auch manchmal mit einem Hauch von Schadenfreude – die Pandemie kommt vielleicht noch –, über das deutsche Krankenhaussystem.

Aber in den Grenzregionen, wo französische Grenzgänger in Deutschland arbeiten, werden diese von Behörden und Teilen der Bevölkerung wie Aussätzige behandelt. Vergessen von Paris und Berlin. Am 27. April hörte ich im Sender

„France Inter" die Europaabgeordnete Nathalie Loiseau, Ex-Europa-ministerin, über die Corona-Lage philosophieren, ohne auch nur ein Wort über die neuen Kopfgrenzen in den Grenzregionen zu sprechen.

Wo bleibt die sonst so hoch gepriesene Zusammenarbeit der deutsch-französischen Grenzpolizei? Kann sie kein Modell erarbeiten, um den Grenzübergang durchlässiger zu gestalten?

Die lokalen Politiker scheinen machtlos zu sein im Kampf gegen Gerüchte und Vorurteile. Nur langsam wachen sie auf. Sollten sie in Paris und Berlin nicht aktiver werden, um die deutsch-französische Freundschaft vor Ort zu retten?

Die Covid-19-Kopfgrenzen wachsen leider auch zwischen Deutschen und Deutschen, zwischen Franzosen und Franzosen. In Prieros bei Königs Wusterhausen sorgen die Berliner, die sich am Wochenende an den Seen entspannen, für Stress bei den Einheimischen, die befürchten, dass die Berliner das Virus verbreiten.

In Paris müssen Polizisten Krankenschwestern zur Metro begleiten, um sie vor Pöbeleien zu schützen. Manch eine findet sogar einen Zettel an ihrer Wohnungstür: „Bitte ziehen sie um!"

Wie schreibt Yuval Noah Harari: „Die hektische Welt des 21. Jahrhunderts hat zu einer globalen Stressepidemie geführt."

Ich schenke allen Betroffenen, Tätern und Opfern von Covid-19 das auf der folgenden Seite zu findende Gedicht:

Die Luftwurzel

Elsässisch

Hang dini Wurzla an di Luft
un klatter uff di Starna.

Russ uss dinem Loch
russ uss dinem Kaller
russ uss dinem Kafig
russ uss dinera Angscht.

Hang dini Wurzla an di Luft
un klatter uff di Starna.

Erscht dann blecksch du ewer di Granza
ens andera Land, ens andera Harz
erscht dann blecksch du ewer di Granza
ens eigena Land, ens eigena Harz.

Hochdeutsch

Hänge deine Wurzeln an die Luft
Und klettere auf die Sterne.

Raus aus deinem Loch
Raus aus deinem Keller
Raus aus deinem Käfig
Raus aus deiner Angst.

Hänge deine Wurzeln an die Luft
Und klettere auf die Sterne.

Erst dann blickst Du über die Grenzen,
Ins andere Land, ins andere Herz.
Erst dann blickst Du über die Grenzen,
Ins eigene Land, ins eigene Herz.

Französisch

Accroche tes racines au ciel
et grimpe sur les étoiles.

Sors de ton trou
sors de ta cave
quitte ta cage
quitte ta peur.

Accroche tes racines au ciel
et grimpe sur les étoiles.

Tu découvriras enfin, au-delà des frontières
d'autres pays, d'autres coeurs.
Tu découvriras enfin, au-delà des frontières
ton propre pays, ton propre coeur.

Literaturhinweise

Ich empfehle drei Bücher:

Pascale Hugues, Marthe et Mathilde. Eine Familie zwischen Frankreich und Deutschland. Hamburg 2008.

Axel Capus, Léon et Louise. München 2011.

Géraldine Schwarz, Die Gedächtnislosen. Erinnerungen einer Europäerin. Berlin 2018.

Buchtitel von Martin Graff

1984	Vertiges. Strasbourg.
1985	L'Allemagne au mois d'août. Strasbourg.
1985	Deutschland im August. Baden-Baden.
1987	Der Joker und der Schmetterling. Baden-Baden.
1988	Mange ta choucroute et tais-toi. Strasbourg.
1989	Le pape est fou. Mulhouse.
1993	Mange ta choucroute et tais-toi, Tome 2. Strasbourg.
1993	Zéro partout. Pamphlet franco-allemand. Strasbourg.
1994	Nackte Wahrheiten. Deutsche und Franzosen. Eine Polemik. München.
1994	Contes de Noël à rêver debout. Strasbourg.
1995	Nous sommes tous des Alsakons, mais ne le répétez à personne. Strasbourg.
1996	Weihnachtsgeschichten für alle Fälle. Blieskastel.
1996	Von Liebe keine Spur. Das Elsass und die Deutschen. München.
1997	Les Alsasuperkons. Strasbourg.
1998	Donauträume. Stromaufwärts nach Europa. München.
1998	Le réveil du Danube. Géopolitique vagabonde del'Europe. Strasbourg.

2000 Voyage au jardin des frontières. Strasbourg.
2001 Invitation à quitter la France. Colmar.
2002 Fabienne et Roberto. Une comédie politique. Strasbourg.
2004 Champagner für alle. Blieskastel.
2010 Le vagabond des frontières. Nancy.
2010 Grenzvagabund. Mainz.
2012 Leben wie Gott im Elsass. Deutsche Fantasien. Tübingen.
2014 Weihnachten. Geschichten. Freiburg.
2015 Der lutherische Urknall. Die Franzosen und die Deutschen. 2. Auflage. Kehl.
2015 Comme l'Allemagne? Le big bang luthérien. Kehl.
2017 Deutsch-französischer Gedankenschmuggel. Kehl
2018 Weihnachten. Geschlossene Gesellschaft. Mannheim.
2019 Utopies alsakonnes. Pamphlet. Fouesnant.

Weitere Titel aus dem MORSTADT VERLAG

(Gerne senden wir Ihnen unser Gesamtverzeichnis zu)

Jean Egen
Der Hans im Florival. Es war einmal im Elsass ...
152 S., fester Einband, € 24,80 [D]. ISBN 978-3-88571-392-0.

Jean Egen
Die Linden von Lautenbach. Eine elsässische Lebensgeschichte im Spannungsfeld zweier Nationen
336 S., Leinen mit SchU, € 19,50 [D]. ISBN 978-3-88571-234-3.

Martin Graff
Der lutherische Urknall. Die Franzosen und die Deutschen
222 S., fester Einband, € 24,80 [D]. ISBN 978-3-88571-376-0.

Martin Graff
Deutsch-französischer Gedankenschmuggel
106 S., broschiert, € 9,90 [D]. ISBN 978-3-88571-387-6.

Hans Jacob Christoffel von Grimmelshausen
Courasche. Die Femme fatale des Dreißigjährigen Krieges
Hrsg. und kommentiert von Walter Hansen
140 S., Klappenbroschur, 14 Abb., € 10,80 [D].
ISBN 978-3-88571-393-7.

Hans Jacob Christoffel von Grimmelshausen
Der Abenteuerliche Simplicissimus
Nach der Editio princeps hrsg. u. komment. v. Walter Hansen
460 S., Klappenbroschur, 14 Abb., € 19,90 [D].
ISBN 978-3-88571-389-0.